SALE TEMPS
POUR L'ÉCONOMIE MARCHANDE

Collection « L'esprit économique »

fondée par Sophie Boutillier et Dimitri Uzunidis en 1996
dirigée par Sophie Boutillier, Blandine Laperche, Dimitri Uzunidis

Si l'apparence des choses se confondait avec leur réalité, toute réflexion, toute Science, toute recherche serait superflue. La collection « L'esprit économique » soulève le débat, textes et images à l'appui, sur la face cachée économique des faits sociaux : rapports de pouvoir, de production et d'échange, innovations organisationnelles, technologiques et financières, espaces globaux et microéconomiques de valorisation et de profit, pensées critiques et novatrices sur le monde en mouvement...
Ces ouvrages s'adressent aux étudiants, aux enseignants, aux chercheurs en sciences économiques, politiques, sociales, juridiques et de gestion, ainsi qu'aux experts d'entreprise et d'administration des institutions.

La collection est divisée en six séries :

Dans la série *Economie et Innovation* sont publiés des ouvrages d'économie industrielle, financière et du travail et de sociologie économique qui mettent l'accent sur les transformations économiques et sociales suite à l'introduction de nouvelles techniques et méthodes de production. L'innovation se confond avec la nouveauté marchande et touche le cœur même des rapports sociaux et de leurs représentations institutionnelles.

La série *Economie formelle* a pour objectif de promouvoir l'analyse des faits économiques contemporains en s'appuyant sur les approches critiques de l'économie telle qu'elle est enseignée et normalisée mondialement. Elle comprend des livres qui s'interrogent sur les choix des acteurs économiques dans une perspective macroéconomique, historique et prospective.

Dans la série *Le Monde en Question* sont publiés des ouvrages d'économie politique traitant des problèmes internationaux. Les économies nationales, le développement, les espaces élargis, ainsi que l'étude des ressorts fondamentaux de l'économie mondiale sont les sujets de prédilection dans le choix des publications.

La série *Krisis* a été créée pour faciliter la lecture historique des problèmes économiques et sociaux d'aujourd'hui liés aux métamorphoses de l'organisation industrielle et du travail. Elle comprend la réédition d'ouvrages anciens, de compilations de textes autour des mêmes questions et des ouvrages d'histoire de la pensée et des faits économiques.

La série *Clichés* a été créée pour fixer les impressions du monde économique. Les ouvrages contiennent photos et texte pour faire ressortir les caractéristiques d'une situation donnée. Le premier thème directeur est : mémoire et actualité du travail et de l'industrie ; le second : histoire et impacts économiques et sociaux des innovations.

La série *Cours Principaux* comprend des ouvrages simples, fondamentaux et/ou spécialisés qui s'adressent aux étudiants en licence et en master en économie, sociologie, droit, et gestion. Son principe de base est l'application du vieil adage chinois : « le plus long voyage commence par le premier pas ».

Jean Latreille

Sale temps pour l'économie marchande

L'Harmattan

5-7, rue de l'École-Polytechnique, 75005 Paris

http://www.editions-harmattan.fr

ISBN : 978-2-343-24773-1
EAN : 9782343247731

SOMMAIRE

Introduction

Économie et Marché : le crépuscule des Dieux

Il n'est plus très loin le jour où l'on me plaindra d'avoir passé une vie entière à enseigner l'économie. Remarquez, j'aurais fait ce qu'il faut pour aider à comprendre les impuissances de ce fatras de théories diverses. C'est peu de dire que l'étude de la science économique est décevante.

La formidable Joan Robinson, esprit libre comme on en a connu trop peu dans notre discipline, affirmait que *"l'objectif de l'enseignement de l'économie n'est pas d'apporter des réponses toutes faites aux problèmes économiques, mais d'éviter d'être trompé et déçu par les économistes".* Elle qui a enseigné l'économie toute sa vie s'étonnait que les étudiants se posent tant de questions au cours de leurs études puis prennent comme seules réponses possibles celles des modèles dominants, pour finir, une fois devenus professeurs, par transmettre ces modèles à des étudiants qui ne les remettent pas plus longtemps en question.

Pourtant, l'économie m'a toujours passionné, par son objet comme par ses méthodes. Comprendre par des raisonnements logiques et des observations statistiques comment sont organisées la production et les échanges est un travail ambitieux et honorable. Mais rarement une science aura aussi mal porté son nom. Économiser et faire de l'économie n'ont pas seulement rien à voir : ce sont deux projets totalement contradictoires.

Car les économistes, et c'est leur péché originel, sont obsédés par *la dépense et la croissance des revenus*. Aucun d'entre eux n'ose plus jamais parler d'économiser, au sens "d'éviter une dépense". Certes, les mécanismes qui permettent à l'épargne de financer les investissements occupent quelques pages dans les manuels d'économie, mais elle est toujours une dépense reportée (ou une consommation différée) : jamais une dépense évitée. Il faudrait être fou ou n'y connaître rien en économie pour économiser quoi que ce soit. Les keynésiens, partant du constat selon lequel seule la croissance marchande crée des emplois rémunérés, sont devenus plus croissancistes que les économistes de l'offre. Ces derniers, des libéraux défenseurs de la libre entreprise, pensaient déjà que ce n'est qu'en favorisant la mise au travail des machines et des hommes que l'on pouvait augmenter la richesse nationale.

Le péché originel des économistes est d'avoir cru pendant longtemps qu'on parviendrait un jour à supprimer la rareté. Keynes et Marx, pourtant tous deux critiques envers les insuffisances du système capitaliste, rêvaient du jour où l'humanité se débarrasserait des contraintes matérielles et où tout un chacun n'aurait plus qu'à se consacrer à des activités créatrices, intellectuelles ou artistiques (en faisant cela, ils rêvaient tout simplement de généraliser leur idéal de vie à l'ensemble de la société). Mais le système capitaliste n'a pas supprimé la rareté, il l'a accentuée : rareté absolue des matières premières et des ressources fossiles, prélevées jusqu'à plus soif par le système productif, mais aussi rareté relative des biens dont les consommateurs semblent manquer sans cesse, tant il est vrai que la hausse de leur pouvoir d'achat ne calme que de façon exceptionnelle, chez les habitants des pays riches ou pauvres, leur envie d'acheter. La logique marchande généralisée était présentée comme un combat contre la rareté, alors qu'elle était bien autre chose.

Croître ou mourir ?

La vérité est que l'économie marchande porte en elle une logique de croissance. La même qui est générée par la monnaie elle-même. Dans sa fameuse « Lettre à un jeune entrepreneur », écrite en 1748, celle dans laquelle Benjamin Franklin affirmait que *« le temps c'est de l'argent »*, il justifiait son propos au motif que « *l'argent est par nature prolifique* ». Il ne parlait pas de spéculation financière mais de la croissance de richesses que l'on peut espérer tirer de la bonne utilisation d'un penny. Telle est l'obsession première des économistes, qui ne cessent de discuter entre eux de l'usage que l'on doit faire de cet argent et sur les manières d'en augmenter la quantité sans créer trop de déséquilibres dans les échanges.

La recherche d'un *équilibre*, qui est la *situation dans laquelle plus personne n'est incité à modifier son comportement sur les marchés*, occupe une grande place dans la science dite "économique". Pourtant cet équilibre n'a rien à voir non plus avec le troisième sens du mot *économie*, qui est *l'harmonie entre les éléments d'un ensemble.* « Tout est disposé dans l'univers avec une économie digne de l'auteur de la nature », écrivait par exemple le prélat Massillon dans l'un de ses sermons. Malheureusement, les équilibres économiques auront rarement été aussi peu harmonieux que de nos jours, s'ils l'ont jamais été. L'équilibre des échanges est non seulement fragile actuellement : il est dangereux. Les excès sont partout, et les manques aussi.

Excès de biens produits, si l'on se fie aux quantités jetées : le gaspillage des ressources est directement proportionnel au nombre d'unités produites, dans tous les pays. Qu'on le veuille ou non, consommer c'est jeter ! Par conséquent, des tonnes de matières non renouvelables disparaissent chaque année dans la nature, "éparpillées façon puzzle" comme disait Bernard Blier dans *Les tontons flingueurs*. A titre d'exemple, d'après Philippe Bihouix, 500 tonnes de nanoparticules de métal argent, utilisées comme bactéricides dans nos produits d'hygiène ou dans nos chaussettes, partent chaque année littéralement en fumée ou dans nos cours d'eaux usées. Nos économies qui n'économisent rien mobilisent plus que jamais des matériaux le temps d'un usage seul et unique. Aux innombrables objets à durée de vie courte s'ajoutent les emballages jetables que l'on ne parvient que partiellement à recycler mais aussi les usages dispersifs qui balancent dans la nature des tonnes de microparticules de matériaux qu'on ne récupérera jamais et qui empoisonneront éternellement nos existences. Tous les additifs compliqués qui sont intégrés dans des produits qui se diluent, par exemple, finissent en microparticules dans les océans, créant des déchets irrécupérables.

Mais l'on sait aussi très bien gaspiller les ressources naturelles renouvelables, peut-être mieux encore que les ressources rares puisqu'il n'est même pas nécessaire de culpabiliser pour en abuser. Qu'importe les excédents de production pour un agriculteur : ça retourne à la terre ! Mais fallait-il alors brûler toutes ces énergies polluantes pour produire une alimentation qui ne nourrira personne ? Baptiste Monsaingeon soutient la thèse que la gestion des déchets par nos sociétés hyper productives vise à les invisibiliser, comme pour « effacer les preuves tangibles de l'insoutenabilité de nos modes de vie et de production[1] ». Il n'en reste pas moins qu'ils atteignent des proportions vertigineuses : de 4 millions de tonnes au début du XXIe siècle, ils pourraient atteindre 12 millions de tonnes en 2100. C'est 260 fois le Titanic qui sombrera alors chaque année, contre une centaine actuellement !

Les excès de monnaie sont tout aussi révoltants : les riches ne savent plus quoi faire de leur argent, à en croire les bulles spéculatives qui gonflent sur les marchés d'actifs. Marché immobilier, marché boursier, marché des quotas de CO2, marché de l'Art, tout ce qui se vend et peut prendre de la valeur se vend… et prend de la valeur ! Pour cela, le

---

1 *Homo Detritus, Critique de la société du déchet*, (2017), Coll. Anthropocène, Seuil.

système bancaire, producteur de monnaie (c'est sa fonction première), ne cesse de déverser sur les marchés cette ressource qui est, somme toute, la moins coûteuse à produire : l'argent !

L'incapacité de notre système productif à économiser se traduit paradoxalement par des manques cruels qui côtoient tous les excès cités. Le manque d'emplois, le manque de logements (mais pas de bâtiments), le manque de temps et bien sûr le manque d'argent créent des difficultés criantes pour des gens qui voient leurs contemporains crouler sous le trop plein. On aurait pourtant tort, comme il est de plus en plus souvent affirmé, de croire que notre économie souffre simplement d'une mauvaise répartition des richesses produites. Car c'est désormais, et ce sera de plus en plus, la dimension du gâteau qui pose problème, pas simplement la taille des parts qu'on fera dedans.

Certes, il est plus facile de partager un énorme gâteau qu'une simple tartelette. C'est la raison précise pour laquelle les économistes, au service des princes, ont toujours privilégié la croissance des biens et services produits : la distribution est tout de même moins difficile dans un pays en croissance, et plus le pays est riche, plus la tâche est aisée, car une part, même infime, d'un étouffe-chrétien nourrit toujours son modeste paroissien. Les souverains sont obsédés par la taille de leur royaume et par celle de leur richesse, depuis toujours. Certains diront, et nous en reparlerons au dernier chapitre, que c'est un problème masculin, plus que féminin : dans leur course au tourisme spatial initiée en 2021, Jeff Bezos et Richard Branson avaient fait l'objet de moqueries pertinentes sur leur course à celui qui aura la plus grosse « fusée ». Quoi qu'il en soit, la croissance économique est devenue en un siècle l'obsession humaine par excellence.

C'est pour cela que les économistes ont élaboré un monde théorique dans lequel tout peut croître sans obstacle.

Ce livre voudrait se pencher sur les conséquences de l'impossibilité pour nos économies de croître encore longtemps. Car tel est le défi que la planète pose à nos sociétés humaines : serons-nous capables de ne pas user en vain notre énergie et nos ressources pendant les siècles à venir ? Allons-nous enfin nous économiser ? Saurons-nous évoluer sans prélever et détruire toujours plus ?

Les théories de la décroissance connaissent, depuis la crise du COVID, un regain d'intérêt. Comme si la population voulait se convaincre que, de cette crise majeure provoquée par les confinements successifs, pouvait sortir un bien qui nous consolerait des restrictions de liberté engendrées par les politiques de santé publique. Car c'est bien de liberté que les gens sont avant tout demandeurs, et pourquoi pas, d'émancipation par rapport au marché : de plus en plus, les populations (riches, bien sûr) refusent de sacrifier leur existence pour de simples motifs marchands. Pour cela, les gens ont compris qu'il est sans doute l'heure de cesser de ne vivre que pour travailler et consommer. La vraie vie est ailleurs, et peut-être dans une existence moins gourmande en biens marchands.

Mais le terme décroissance fait peur, comme tout ce qui tourne autour des théories de l'effondrement (la collapsologie) que nous évoquerons aussi. Décroître est trop régressif, et décroître trop vite serait s'effondrer. Je m'en faisais pourtant une raison et j'avais accepté, avec une certaine résignation, qu'il fallait accepter de décroître. Je me disais que le terme décroissance était utile pour provoquer un électrochoc et susciter le débat. Jusqu'à ce que je comprenne qu'il fallait juste faire décroître ce qui menace nos existences, à savoir toutes ces activités qui nous épanouissent si peu. Faire décroître la publicité ? Un bonheur. Faire décroître le temps consacré à l'automobile ? Un soulagement. Faire décroître l'appât du gain ? Une écharde ôtée de nos pieds et de nos âmes.

En revanche, il y a beaucoup de choses qu'il faudra faire croître, dans un avenir assez proche : ce sont toutes les activités non marchandes qui vont remplir de plus en plus nos existences. Car la baisse inéluctable de la productivité nous obligera à reprendre en main un grand nombre d'activités qui ne seront plus assurées par le marché.

Non marchand ou non productif ?

La logique marchande s'est confondue dans l'esprit des gens avec la logique productive, et même parfois avec la logique monétaire. Or il est parfaitement possible de produire sans privilégier les mécanismes marchands. De quoi parle-t-on quand on parle d'économie marchande ?

De toute évidence, *la production marchande est celle qui est destinée à être vendue sur un marché.*

Par définition, sur un marché, une concurrence s'exerce entre les offreurs. Or, la concurrence passe toujours par les prix, à qualité équivalente. Par conséquent, la recherche de *productivité*, qui correspond de façon simple à *la baisse des coûts par produit réalisé*, est au cœur de la logique marchande.

Or, si elle ne s'exerce pas dans un cadre marchand, la production peut s'abstraire des exigences de la recherche de productivité. C'est par exemple le cas dans l'aide à la personne, qui ne devrait jamais être faite avec pour objectif d'aller le plus vite possible. Malheureusement, lorsque les moyens alloués à la production non marchande sont insuffisants, les principes de productivité la rattrapent de façon incidente et l'on cherche toujours à réduire les coûts des activités qui ne peuvent pas gagner en productivité ! Mais contrairement au secteur marchand, il n'est pas vital pour la survie d'une activité non marchande de la soumettre à l'obligation d'efficacité productive.

Si vous me suivez bien, vous aurez compris également que le secteur non marchand est parfaitement compatible avec les échanges monétaires. Le non marchand n'est pas un monde débarrassé de la monnaie.

Mais si l'évaluation monétaire de l'efficacité productive est indispensable dans le monde marchand, elle est très secondaire, voire superflue, dans les activités non marchandes. De toute façon, pour un grand nombre de ces activités hors marché, il n'y a pas de mesure monétaire possible des performances : combien coûte la formation d'un élève ? Juste la somme que la collectivité voudra bien lui consacrer. Combien cela rapporte ? C'est impossible à évaluer.

Les économistes se posent depuis longtemps la question de la mesure de la valeur des biens non marchands, ceux pour lesquels il n'existe pas de marché. C'est utile pour orienter les investissements publics, et en particulier pour déterminer quels montants doivent être investis dans les biens publics.

La méthode la plus utilisée est l'évaluation dite contingente. Celle-ci consiste à interroger directement les individus, par le biais d'enquêtes, sur leur consentement à payer pour une politique d'amélioration ou de restauration d'un certain actif environnemental ou culturel. On pourrait tout aussi bien leur demander ce qu'ils seraient prêts à payer pour manger une tarte qui ressemblerait à celle de leur grand-mère. C'est en fait une question idiote.

Car, même si ces évaluations rassurent les économistes et donnent des arguments chiffrés aux décideurs, on peut tout à fait se passer d'elles pour montrer que la prolifération des biens et des services marchands constituent un danger social et environnemental. Dès le XIXe siècle, John Stuart Mill l'avait compris sans le moindre calcul. Pure intuition qui aurait pu se révéler inexacte ? Pas sûr. Car les arguments rationnels solides qui valident ce point de vue sont légion. En outre, la monétarisation des biens et services non marchands est de peu d'utilité pour expliquer à quel point ces derniers ont de la valeur aux yeux des gens.

Que l'on évalue le total de la production non marchande à la moitié, à l'équivalent ou à 50 fois la valeur des biens et services produits par le marché ne changerait rien au fait que nous devons rapidement réduire le domaine d'extension des activités marchandes et renouer avec les nombreuses activités non marchandes que nos sociétés ont inconsidérément déléguées au marché.

Car ce qui est non marchand n'a pas de prix. Ce qui ne veut pas dire que cela n'a pas de valeur à nos yeux ! Cela veut simplement dire qu'il n'existe pas de marché pour échanger ce bien ou ce service. Faire une tarte pour ses petits-enfants ? Pas de prix, vous dis-je, puisqu'elle n'est pas à vendre ! On peut toujours la croire marchandisable, mais c'est impossible car elle tire l'essentiel de sa valeur, aux yeux des gosses qui la dévoreront, du fait qu'elle est la tarte cuisinée par leur Mamie. On sait que le marché est capable d'inventer des mamies de substitution, mais aucune d'entre elles ne fait de gâteaux qui arrivent à la cheville de celles de nos grands-mères cuisinières… Ce ne sont que des ersatz de biens ordinaires, sans qualité et voués inéluctablement à produire des déchets.

Dieu merci, une immense partie de la production non marchande n'est pas marchandisable, et à aucun prix les individus ne l'échangeraient contre une version marchande. La question que nous allons poser dans ce livre est de savoir si l'on est prêt à sortir du marché une grande partie des biens et des services que l'on consomme régulièrement, et quel prix symbolique (en termes de changement dans nos modes de vies, notamment) est-on prêt à payer pour cela ?

L'imaginaire des économistes reste obsédé par la logique marchande. Puisque celle-ci s'accompagne d'un souci d'efficacité qui échappe au non marchand, les économistes en déduisent que c'est la seule et meilleure façon de produire. Ils ont mis du temps à admettre que la logique productiviste, loin d'être toujours économe en ressources, s'appuie sur leur destruction massive pour atteindre l'objectif de réduction maximale des coûts : car polluer, dans un monde marchand (et avec une puissance publique à son seul service) est moins coûteux pour le producteur que de ne pas polluer. L'aiguillon de la concurrence obligeant chacun à s'aligner sur le plus pollueur de tous, la logique marchande n'est pas le mode de production socialement le plus efficace. C'est la logique non marchande, celle qui n'a aucun impératif de productivité, qui reste la moins nocive socialement et environnementalement.

Je vais donc tenter dans ce livre de vous convaincre de l'intérêt de réduire la voile en termes d'activités marchandes[3]. La porte est désormais ouverte à une autre croissance : celle du non-marché ! Et si nous pouvions faire croître ce qui nous rendra fiers et autonomes ? Où serait la régression ? Et si nous participions à l'émergence d'une société enfin enrichissante pour chacun et pour tous ?

Qui refuserait un tel projet : avoir plus de tout ce que l'on voudra faire soi-même ! Plus de liberté, au fond, à condition que l'on redéfinisse la place de l'État, qui devra cesser d'être au seul service des activités marchandes. Plus de maîtrise de nos vies, un peu bricolées parfois, car reposant sur les moyens du bord et la réutilisation systématique de nos ressources, ce sera toujours *plus de pouvoir* que l'on se donnera. Les anglo-saxons appellent cela l'empowerment : la capacité à augmenter son pouvoir. Plus de pouvoir, donc, et la possibilité, enfin, de cesser d'avancer vers l'appauvrissement programmé de nos vies dont se nourrissait le système marchand. N'en déplaise aux économistes qui auront bien du mal à démontrer que les

---

3 Pour ce qui est de l'urgence de le faire, chacun est libre de consulter les rapports du GIEC, ou toute synthèse honnête qui a pu en être tirée.

nouveaux équilibres que nous trouverons en bricolant minimisent le surplus social. Ce sera à nous d'en être les seuls juges, alors. Si nous y parvenons, nous aurons enfin quitté un bon siècle de dépendance aux sirènes du marché.

De toute façon, et nous en reparlerons, il est possible que nous n'ayons pas le choix. Nous serons de plus en plus condamnés à croitre vers plus de non-marché, moins de rêves d'enrichissement factice et, souhaitons-le, vers plus de vies équilibrées.

Pour comprendre comment y parvenir, il nous faudra faire le tour des raisons qui expliquent l'essoufflement de la croissance et qui seront traitées en première partie. Nous essaierons de comprendre au fur et à mesure pourquoi les économistes ne sont pas armés pour penser la fin de la croissance marchande. Nous pourrons alors brosser le portrait d'un futur dans lequel la production marchande aura cessé de guider le peuple. Car le grand Delacroix avait raison, avec sa fresque de Marianne, seins nus, à l'assaut des barricades : c'est la liberté, et elle seule, qui doit reprendre notre étendard, celui que nous ont volé les défenseurs du marché et du profit. La libération par l'argent, recherchée par tant d'hommes sur terre, mais aussi par tant de femmes qui y ont vu une voie d'émancipation, n'est qu'une aliénation par l'argent et par la destruction de nos savoir-faire. Notre libération ne peut pas se réaliser dans le monde marchand : elle passe par la sortie de ce modèle productif infantilisant et prédateur.

Que deviendra l'économie, la science des économistes, dans un monde qui saura enfin être *économe* ? Ce qu'elle aurait toujours dû rester : un jeu intellectuel destiné à dessiner le monde tel qu'il pourrait être, en le simplifiant un peu, et en le laissant exister tel qu'il est : vivant, complexe, polymorphe et admirable.

Verso 1

La « vraie » fable de la productivité

Trois bons gaillards suaient en défrichant un bois
Divisant le travail, comme on leur avait dit,
Afin d'être puissant et de maximiser
La très smithienne "efficacité productive"
Et que l'on nomme en fait, la productivité.
Le premier à la scie coupait tous les troncs d'arbre
Le second à la pioche dessouchait ce qu'il reste
Le troisième débitait le tout en petit bois
Équipés de tenaille, machette et autre outil
Chacun bien affûté et conçu pour cela ;
Au rythme où ils allaient, d'ici quelques lurettes
A n'en point trop douter, la clairière serait faite.

Arrive leur petit frère de retour de la ville
Au volant d'un engin bruyant et imposant.
La machine est fumante et chauffe comme un monstre
Elle dessouche surtout comme de mauvaises herbes
Des arbres centenaires qu'elle taille exactement
Au même gabarit, juste impeccablement ;
"Laissez-moi faire, frangins, et avant la soirée
Notr' bois ne sera plus qu'un champ à labourer".

Ce qui fut dit fut fait, et se jouant de Smith
Les quatre bons amis bénirent les artifices
Puis partirent au marché pour vendre leur butin
Qui paya largement, et l'essence et l'engin.

Moralité
On rend, par division, le travail bien plus facile
Mais rien ne produit tant que l'énergie fossile.

PREMIÈRE PARTIE
La fin programmée de la croissance marchande

Chapitre Un
Irrésistible croissance

Quand on demande aux gens ce qu'ils attendent des cinquante ans à venir, on obtient des réponses qui ont toutes à voir avec la croissance de quelque chose : ceux qui sont au chômage veulent plus de travail, ceux qui en ont un le veulent plus payé, ou bien avoir plus de vacances, et dans un monde parfait avoir plus de travail ET plus de vacances, avec aussi plus de muscles, plus d'enfants, plus d'amour et surtout plus d'années en bonne santé… En période de pandémie, on rêve de plus de vaccins, de plus de sorties entre amis et de plus de contacts humains. Toujours plus.

Il y a peut-être une nostalgie de l'enfance dans cette envie de ne pas cesser de grandir et de croître. Nous en reparlerons plus tard. Je voudrais tout d'abord vous montrer que cette envie de croissance si puissante, celle que tous nos décideurs attendent, espèrent ou invoquent avec impatience, s'explique par les 70 années passées, qui furent exceptionnelles en termes de hausse de la production. Mais si l'on observe la croissance française depuis 1950, on constate que l'évolution générale, bien qu'à la hausse, est indéniablement baissière : on a connu une hausse de la production de près de 5 % par an jusqu'au choc pétrolier, puis la croissance a fluctué autour de 3% par an et depuis la grande crise de 2008-2009, on évolue tant bien que mal autour de 1% par an. En 2020, l'épisode du COVID et les confinements qu'il a provoqués ont fait chuter nos PIB de façon historique. Une reprise s'en suivra forcément, tant le choc fut sévère. Mais pour combien de temps ? Aucune tendance, même sur 70 ans, ne doit être considérée comme définitive et irréversible. Et pourtant.

Pourtant, je voudrais vous montrer que l'étude de la croissance passée nous oblige à nous interroger sur la nature de la croissance à venir, et peut-être même sur la possibilité que nous soyons obligés d'en finir avec nos rêves de croissance. Car, vous et moi (et peut-être même plus vous que moi, si vous n'avez pas encore passé le demi-siècle…) nous risquons d'être contraints de modifier assez radicalement la liste de nos souhaits pour le futur (notre *bucket list*). Et ceci pour des raisons très concrètes que je vous propose d'étudier maintenant.

Mais avant tout, rappelons pour ceux qui n'ont jamais mis un pied en cours de macroéconomie ce que l'on nomme la *croissance* : c'est *l'augmentation de la richesse créée*. Une richesse mesurée, de façon plus ou moins heureuse, par le PIB : ce fameux indicateur accumule la valeur marchande de toutes les nouvelles richesses produites pendant l'année à partir de la transformation de certaines ressources. Ces richesses monétaires sont mesurées par la *valeur ajoutée*, qui soustrait à la valeur de la production vendue la valeur des biens et services non produits par l'entreprise et achetés à ses fournisseurs.

Le chiffre de la croissance n'est donc pas celui de la richesse créée, mais celui de *l'augmentation* de la richesse créée. Or, du PIB en plus, cela signifie plus de biens et services pour tout le monde, donc plus de besoins satisfaits. Cela signifie aussi plus de revenus et surtout, cela permet d'aboutir à une situation qu'on a finalement peu connu depuis l'aube de l'humanité : la possibilité d'enrichir les plus pauvres sans appauvrir les plus riches. Car des riches, il y en a toujours eu : les châteaux, les belles demeures, les mobiliers anciens sont là pour nous le rappeler. Mais on ne dit pas assez que la richesse des riches, dans les périodes sans croissance, était la conséquence directe de la pauvreté des pauvres : un riche était quelqu'un qui savait s'approprier les ressources (et souvent le travail) de ses contemporains.

Quand on observe la croissance économique depuis l'an 1000, comme l'a fait Angus Maddison, on s'aperçoit que la seule façon de faire augmenter la richesse était d'augmenter la population. Mais le PIB par personne, lui, n'a fait que stagner jusqu'au tournant du XIXe siècle avec ce que l'on nomme la révolution industrielle.

Joseph Schumpeter, historien et économiste du début XXe siècle, a étudié le capitalisme et ses évolutions. Il a été le premier à faire remarquer que la nouveauté extraordinaire apportée par la croissance économique a été de pouvoir *enrichir les riches sans appauvrir les pauvres*. La croissance n'a pas eu d'effet spectaculaire sur les plus riches : ils ont toujours eu tout ce qu'il est possible d'avoir à leurs époques respectives. En revanche, elle a permis aux pauvres de se procurer ce qu'il était inenvisageable pour eux d'avoir pendant des siècles : Schumpeter prend l'exemple des bas de nylon, à la portée de toutes les ouvrières, alors que ce vêtement lorsqu'il était en soie était un privilège réservé aux reines pendant des siècles.

Donc, lorsque le PIB s'est mis à croître sans cesse, le surplus créé, dont les riches n'ont pas *totalement* besoin, a permis sans douleur d'améliorer le sort des plus pauvres. On comprend mieux pourquoi les élus aux plus hautes fonctions ne jurent que par la croissance : car avec la hausse du PIB, toutes les promesses sont possibles ! Avec un PIB simplement constant (ne parlons pas de *baisse du PIB*, qui est un scénario catastrophe pour ceux qui redoutent déjà sa stagnation) on ne peut promettre d'améliorer la situation des uns qu'en dégradant celle des autres.

Vous comprenez mieux pourquoi la croissance de ces 70 dernières années a marqué nos esprits et pourquoi sa simple remise en cause serait une véritable révolution culturelle, un bouleversement radical de nos mentalités… et potentiellement une source de conflit. Car si on ne parvient plus à augmenter chaque année les quantités produites, la seule façon de s'enrichir pour les uns sera de prendre aux autres. Et ça, ça porte un nom, ça s'appelle la guerre.

Mais avant d'en arriver là, nous devons comprendre pourquoi et comment la croissance a été possible pendant 70 ans. Parce que seule l'analyse des mécanismes de la croissance passée nous permettra de comprendre la faiblesse de notre croissance actuelle… et future. Nous allons pour cela nous appuyer sur ce que les économistes nomment les théories de la croissance économique. Celles-ci nous apprennent que la croissance est un moteur à trois temps.

Dans un premier temps, on considère que la croissance est due à l'*augmentation des facteurs de production* (ce qui permet de produire : il s'agit pour les économistes du travail et des machines) ; dans un deuxième temps (qui peut se superposer au premier) la croissance vient d'une *amélioration de ces mêmes facteurs de production.* Et dans un troisième temps, qui se superpose également aux deux premiers, la croissance est tirée par ce que l'on nomme *la croissance des débouchés*. Je vais tenter de vous montrer que ces analyses de la croissance reposent sur un modèle de production extrêmement simplifié, dont la simplicité a fait le succès, mais qui a interdit aux économistes de comprendre dans quelle galère ils nous embarquaient.

La croissance extensive

Procédons par ordre : commençons par l'étude de ce qu'on nomme la croissance extensive. Une façon simple de produire plus est de *mettre plus de monde au travail.* Si vous construisez plus d'usines, dans lesquelles vous mettez plus de machines et plus de travailleurs, vous êtes à peu près certain de pouvoir augmenter votre production. Cette croissance-là est typique des périodes d'industrialisation : celle que nos pays ont connue au XIXe siècle lorsque nos taux de croissance misérables du XVIIIe siècle ont plus que quadruplé (de 0,6%/an à 2,6%/an en moyenne annuelle). C'est en grande partie ce type de croissance que connaît la Chine depuis 40 ans. Comme le dit l'économiste Paul

Krugman, il n'y a pas eu de miracle asiatique : la formidable croissance chinoise est tout à fait « normale », économiquement parlant, si l'on considère la croissance extraordinaire des moyens de production mobilisés par ce pays depuis 40 ans. L'arrivée massive de paysans venus travailler dans les villes, couplée aux capitaux des investisseurs internationaux ne pouvait donner qu'une croissance forte, mais pas surprenante. Finalement, ce qui aurait été surprenant, c'est qu'une telle mobilisation des facteurs de production *ne se traduise pas* par une hausse importante de la production !

Comme le premier facteur de production, celui dont on ne peut pas se passer, est la main d'œuvre, tant que le nombre de gens qui travaillent augmente, la production a tendance à augmenter. Or, depuis 1950, la *population active* mondiale (les gens qui travaillent) est passée de 1,5 milliard à près de 5 milliards de personnes. Là encore, il aurait été stupéfiant que 5 milliards d'actifs ne produisent pas trois fois plus que 1,5 milliard de personnes !

Ainsi, les économistes *mainstream* sont capables de justifier sans sourciller que la seule façon de préserver la croissance extensive est de faire travailler plus les salariés, dans plus d'usines. Regardons par exemple ce qu'en disaient Patrick Artus et Marie-Paule Virard dans Croissance Zéro[4]. Pour augmenter le PIB potentiel, leur solution indispensable est la suivante : le recul immédiat de l'âge de la retraite. L'argument économique est le suivant : *« Les Français travaillent quarante ans en moyenne, et si on repoussait l'âge de la retraite d'une année seulement, on augmenterait de 2,5 % les ressources en emploi. A supposer que le capital suive le mouvement, le niveau de PIB augmenterait lui aussi de 2,5 % »*. C'est d'une logique économique imparable : si l'on mettait plus de gens à

4 Ed. Fayard, 2015.

travailler dans plus d'entreprises, ce serait bien surprenant que l'on ne parvienne pas à augmenter la production !

Les conséquences de la croissance extensive

Il faut cependant comprendre à quel point la croissance extensive transforme le monde. D'abord car elle nécessite des ressources en quantité importante : produire deux fois plus, c'est globalement prélever deux fois plus de matières premières et donc réduire ce que l'on nomme le *capital naturel*. Mais avant de nous arrêter sur ce point, je voudrais que mon lecteur -ou ma lectrice- comprenne bien à quel point la hausse constante des moyens de production a changé le monde : plus de travailleurs dans plus d'usines, c'est ce qu'on appelle *l'industrialisation*. Et cela s'accompagne de la *salarisation*, qui correspond à la croissance du nombre de travailleurs qui reçoivent leur revenu d'un employeur, et qui sont attirés par les grands pôles productifs, là où se trouvent les emplois, ce qui provoque *l'urbanisation* croissante du monde. Il ne s'agit pas de tout petits changements...

Personne n'a démontré que les villes se sont développées parce qu'on y vivait mieux qu'à la campagne. En revanche, c'est dans les villes que les salariés sans emploi ont eu le plus de chances de trouver à se faire embaucher. La croissance extensive est une spirale qui fait croître les villes par un processus autoentretenu : plus il y a d'entreprises, plus les travailleurs viennent chercher un emploi, et plus les travailleurs s'agglutinent dans les villes, plus les investisseurs ont intérêt à construire leurs usines à proximité de cette main d'œuvre.

On touche là pour la première fois au thème qui structure cet essai : celui des limites de la croissance. Les mégalopoles mondiales qui voient les travailleurs se ruer en masse et vivre dans des conditions souvent misérables dans l'espoir de trouver un salaire même dérisoire ne cessent de croître et cette croissance a des conséquences extrêmement dangereuses en termes de qualité de vie et d'atteintes à l'environnement.

La question de cette absence de limites à la logique productive a été posée au XIXe siècle par un économiste libéral, mais classé parmi les pessimistes parce qu'il envisageait que le système économique allait atteindre un état stationnaire. John Stuart Mill allait même plus loin puisqu'il *souhaitait* la venue de cet état stationnaire, dans la mesure où il craignait que la croissance extensive ne dévore tout notre environnement naturel. Alors qu'à son époque, on était très loin d'avoir connu l'urbanisation et la transformation de notre monde actuel, il écrivait ceci :

« Il n'y a pas grand plaisir à considérer un monde où il ne resterait rien de livré à l'activité spontanée de la nature, où tout pouce de terre propre à produire les aliments pour l'homme serait mis en culture ; où tout désert fleuri, toute prairie naturelle seraient labourés ; où tous les quadrupèdes et tous les oiseaux qui ne seraient pas apprivoisés pour l'usage de l'homme, seraient exterminés comme des concurrents qui viennent lui disputer sa nourriture... [5]»

C'est une question qui, de nos jours, retrouve toute son actualité : quelle place donnons-nous aux espèces animales qui ne nous servent à rien ? Et même à celles qui nous incommodent (les moustiques, les rats, les crocodiles, les requins…) et que nous avons passé une grande partie du XXe siècle à exclure de nos existences ? Considérons-nous le monde uniquement comme un réservoir de ressources destiné à assouvir nos besoins productifs ?

À cette question, les économistes proposent deux types de réponses. La version dite « optimiste » affirme que toute dégradation des ressources naturelles créée par la croissance extensive est acceptable tant qu'elle améliore le

---

5 *Principes d'économie politique*, Livre IV, Chap. 6, Edition de 1848.

bien-être de l'humanité. C'est le triomphe du dicton : *« On ne fait pas d'omelette sans casser des œufs »*. Les œufs, ce sont les ressources naturelles détruites ou transformées et l'omelette correspond à tout le capital physique (des objets, des machines, des routes, des logements…) et financier, aussi, c'est-à-dire tout l'argent créé avec ces ressources disparues. Cette théorie, dite de *la soutenabilité faible*, pose que l'homme a le droit de modifier le monde à sa guise, tant qu'il cherche à l'améliorer, c'est-à-dire tant qu'il maintient constant le stock global de ressources à sa disposition[6].

En revanche, les partisans de *la soutenabilité forte* font une distinction entre les ressources renouvelables et celles qui ne le sont pas. Les premières peuvent être produites et transformées à notre guise en toute forme de capital technique, financier ou autre (on peut même transformer du bois en capital culturel, quand on fabrique des livres). En revanche, les ressources non renouvelables doivent être protégées et leur stock ne peut être réduit ni transformé. Ce qui se discute peut-être pour des ressources non renouvelables mais encore très abondantes, comme le pétrole, le charbon ou l'acier. C'est pourtant moins discutable pour une ressource comme le climat, qui est une ressource non renouvelable et dont la destruction, ou la modification pour être plus exact, peut avoir des conséquences radicales sur la survie de l'humanité. Or, le changement climatique est précisément dû à la surexploitation des ressources fossiles non renouvelables. En fait, les partisans de la soutenabilité forte considèrent que la réduction du stock des ressources non renouvelables doit être considérée comme une réduction du bien-être (et donc de la richesse) globale. Il faut donc l'empêcher.

---

6 Les économistes posent un peu rapidement que toute transformation du monde (donc du stock de capital) par le système productif est une amélioration. En particulier quand on transforme du capital naturel et capital financier. Car l'argent ne se mange pas en salade...

Certains biens ont une particularité : ils sont *rivaux et non excluables,* ce qui signifie qu'ils sont en quantité limitée mais que le marché ne peut pas faire payer leur usage (et leur destruction) par leurs utilisateurs : c'est le cas du pétrole, comme du climat, qu'on nomme des *biens communs*. La tragédie est qu'un bien commun est voué à être pillé. L'expérience en est faite tous les jours. Mettez une ressource gratuitement à portée d'une foule et elle sera instantanément consommée. J'en ai fait l'amère expérience il y a quelque temps au début d'une de mes conférences. Nous avions installé un buffet gratuit dans l'idée que les élèves présents apprécieraient en fin de séance de discuter et d'échanger sur l'avenir de la croissance en grignotant quelques apéritifs. Lorsqu'ils sont passés devant le buffet en début de conférence, on a vu 150 élèves dévaliser en un instant les ressources gratuites mises à leur disposition. Il aurait fallu une intervention de l'État (en l'occurrence des enseignants qui le représentent) ou un prix de marché suffisamment élevé pour éviter une telle tragédie. Ou alors, les élèves auraient pu se concerter entre eux pour décider, avant de se goinfrer, du partage des ressources du buffet. Mais a-t-on déjà vu des humains partager sereinement des ressources gratuites avant de se les approprier ?

Mon exemple est moins dramatique que ce que l'on observe, par exemple, autour des ressources halieutiques (ou marines). La moitié seulement des stocks de poissons mondiaux sont exploités à 100 %, ce qui signifie qu'on prend tout ce qu'on peut prendre, en laissant au stock la possibilité de se renouveler. En revanche, sur les 30 dernières années du XXe siècle, la part des stocks surexploités a triplé, passant de 9% à 27 % du stock total. Ce qui a réduit automatiquement la part des stocks sous-exploités (donc préservés du pillage). On a ainsi transformé une ressource a priori renouvelable en ressource non renouvelable. Il se trouve que les États ont plutôt bien réagi et que des mesures ont été prises pour limiter l'accès à certains stocks. Car on est dans un cas où la ressource peut être renouvelée *si on lui en laisse le temps*.

Mais certains biens communs sont définitivement détruits lorsqu'on les consomme, car leur stock existe en quantité finie. Pour toutes ces ressources, si on augmente leur prélèvement chaque année, il est inévitable, inexorable, que l'on atteigne un « pic », à savoir un moment où *la hausse du prélèvement* n'est plus possible. On peut toujours *reporter* le moment du pic mais il est impossible de le faire disparaître, et plus on le reporte plus la baisse des prélèvements qui suit le pic sera forte.

L'étude des pics de production commence à être bien connue. En fait, elle a donné lieu à des prévisions assez anciennes que personne n'a voulu prendre ne compte mais qui se sont révélées assez exactes[7]. Le pic pétrolier mondial a été atteint au début du XXIe siècle, les producteurs de pétrole le reconnaissent eux-mêmes. Mais le pic a été ou va être atteint pour de nombreuses autres ressources non renouvelables. L'une d'entre elles va avoir des conséquences énormes : c'est la réduction annuelle de l'exploitation des roches phosphatées qui permettent de produire des engrais chimiques. On nourrit assez facilement nos 7,5 milliards d'habitants grâce à cette ressource. Sa raréfaction aura un impact inévitable sur nos modes de production agricoles.

La réduction du stock de phytoplanctons est spectaculaire et son pic de production (ou pic de prélèvement, ou de destruction) est atteint. Or, cette ressource contribue à l'absorption du CO2 et à la préservation du climat. Le palladium, également, une ressource indispensable au bon fonctionnement des

---

7 Dennis et Donella Meadows, avec Jorgen Randers, *Les limites à la croissance (dans un monde fini)*, Ed. Rue de l'Échiquier, Rééd. 2012.

smartphones est également en voie de disparition. Quant à l'uranium, qui reste le moyen le plus efficace pour produire de l'électricité (si on ne veut pas réduire notre consommation électrique et éviter de brûler des ressources fossiles) il atteindra également son pic de production dans une génération.

Pour les ressources énergétiques, on a même observé que plus elles deviennent rares, plus leur exploitation nécessite une grosse dépense en énergie. On peut nommer cela *l'effet boule de neige de l'épuisement des ressources*[8]. Pour une quantité de pétrole dépensée en 1930, vous en préleviez 100 (il fallait donc environ un litre de pétrole pour en prélever 100). Désormais, avec une unité de pétrole aux USA, on n'en prélève que 6… et encore, sans compter ce qu'il faut consommer de pétrole pour le raffiner et le transporter jusqu'aux utilisateurs du produit fini. Comme pour les poissons que l'on va désormais pêcher en eaux profondes, les forages de pétrole en haute mer creusent jusqu'à 7 kilomètres de profondeur pour prélever la « mère de toutes les matières premières[9] ». Il se trouve que plus les ressources se raréfient, plus il faut mobiliser de ressources rares pour les prélever. Les premiers prélèvements dans les mines de cuivre contenaient près de 25 % de minerais pur. Désormais, on en trouve moins de 1% ! Ce qui signifie que pour obtenir du cuivre indispensable à l'électrification de la production (la fameuse croissance verte) il faut de plus en plus d'énergie, donc de ressources rares et polluantes. En outre, on oublie souvent que pour transporter l'énergie partout où elle est indispensable, on consomme

---

8 Même si les spécialistes parlent plutôt de taux de retour énergétique ou de retour sur investissement de l'énergie.
9 L'expression est de Matthieu Auzanneau, dans son formidable bouquin *Or Noir, La grand histoire du pétrole*, Ed. La découverte, 2021.

énormément d'énergie pour investir dans les réseaux et pour les entretenir.

En la matière, on pourrait se demander si des gains d'efficacité ou des innovations pourraient nous sortir d'une pareille spirale de consommation des ressources rares. En effet, si la croissance par prélèvement croissant des ressources atteint ses limites, on peut toujours envisager de faire croître la production en trouvant des façons de mieux utiliser les ressources existantes.

La croissance intensive

Les économistes parlent de croissance intensive lorsqu'il ne s'agit plus de faire travailler plus d'hommes, de femmes ou de machines, mais de *plus ou mieux les faire travailler tous*. Les périodes de croissance intensive sont presque aussi anciennes que celles de croissance extensive. Elles sont même parfois antérieures : c'est le cas des révolutions agricoles, toujours liées aux réformes agraires. En améliorant les méthodes de production dans les campagnes, notamment en mécanisant la production agricole et en agrandissant les surfaces agricoles pour rendre les tracteurs plus performants, on a augmenté de façon spectaculaire la croissance de la production dans ce secteur. Et comme chaque agriculteur est devenu plus productif, on a libéré de la main-d'œuvre qui a participé à la croissance extensive de l'industrie. C'est le phénomène de l'*exode rural* qu'on a pu observer en France au XIXe siècle comme en Chine à la fin du XXe siècle.

Les gains de productivité obtenus par Henry Ford dans ses usines automobiles au début du XXe siècle sont un autre exemple de croissance intensive spectaculaire. Avec un nombre d'ouvriers identique, dans des usines mieux organisées, Ford a obtenu une hausse de la production étonnante. Et comme la quantité de facteurs de production n'augmentait pas aussi vite, ça lui a permis de baisser le coût de chaque voiture produite, donc leur prix.

À l'origine de ce type de croissance, on trouve systématiquement des idées neuves permettant de produire plus et mieux, que les économistes nomment des innovations. Selon Schumpeter, l'ensemble des innovations constitue *« l'impulsion fondamentale qui met et maintient en mouvement la machine capitaliste »*. Rien que ça ! L'armée des schumpétériens recrute dans tous les milieux économiques, aujourd'hui plus que jamais. Car lorsque les moteurs de la croissance s'essoufflent comme actuellement, lorsqu'il n'y a plus rien à espérer des facteurs de production classiques (le travail et les machines), il reste toujours l'espoir dans ce qu'on nomme les innovations de rupture, qui sont les promesses d'un nouveau monde toujours plus productif que le précédent.

Schumpeter avait en effet montré qu'il existe plusieurs types d'innovations : celles qui consistent à mieux combiner les facteurs de production, comme Ford qui a posté les ouvriers en face des chaînes de montage pour limiter leurs déplacements ; celles qui modifient l'intensité capitalistique, c'est-à-dire qui mettent plus de machines (ou de robots) au service des salariés pour rendre leur travail plus efficace ; et les innovations qui utilisent de nouvelles matières premières. Je ne citerai qu'une seule innovation de ce type : l'invention fantastique du… plastique !

Imaginez, si vous le pouvez, un monde dans lequel tous les jouets sont en bois. C'est un monde dont les plus de 50 ans ont vécu les derniers moments, dans les années 70. Imaginez seulement que tous les jeux de construction soient encore faits avec des pièces en bois : sans critiquer la beauté ni l'utilité de tels jeux, comparez leur temps de fabrication sur des fraiseuses à bois, même automatisées, avec la fabrication des mêmes pièces par des moules à matière plastique !

Schumpeter avait donc montré que l'histoire des grandes périodes de croissance du capitalisme est l'histoire de la succession des grandes innovations, qu'elles soient majeures, comme la machine à vapeur ou l'électricité, ou moins spectaculaires, comme le passage des disques vinyle aux compact-discs, ou des ordinateurs personnels (les PC) aux smartphones. Remarquons que si les innovations sont toujours au cœur de notre système productif, elles sont de moins en moins des innovations majeures. Réserver un billet d'avion par Internet est moins un progrès en termes de croissance de la production que lorsqu'on est passé de la diligence au transport à vapeur, ou aérien.

Il est donc possible que les innovations s'essoufflent. Mais les innovations ont surtout une caractéristique essentielle qu'il faut comprendre si l'on veut s'interroger sur l'avenir d'une croissance qui ne s'appuierait que sur elles. On a vu que le but des innovations est d'améliorer ce que l'on nomme en économie *la productivité*, c'est-à-dire *la production par unité de facteur de production utilisé*. Quand Ford met ses ouvriers sur des chaînes de production, il permet que chaque ouvrier, qui produisait en moyenne 2 voitures par jour, en produise alors 5 ou 6 (en moyenne par ouvrier, puisqu'aucun ouvrier ne produit une seule voiture du début à la fin).

Or, ce calcul cache le fait que l'amélioration de la productivité passe obligatoirement par un phénomène : l'utilisation de plus d'énergie (qui fait fonctionner les machines dont se servent de plus en plus les travailleurs) ! Les innovations n'existent que si elles s'accompagnent d'une croissance de l'intensité énergétique. Réfléchissez bien : mis à part peut-être la division du travail dans un atelier d'artisan, toutes les innovations consomment de l'énergie. Et si certaines parviennent parfois à en économiser un peu par unité produite, elles provoquent une hausse de la production totale, donc de la consommation d'énergie.

Et il s'agit bien d'énergie non humaine, puisque l'on garde le même nombre d'ouvriers, et qu'on espère même parfois, en innovant, réduire leur nombre pour réduire les coûts de production. Regardez un instant ce que l'énergie artificielle apporte en efficacité à un travailleur seul avec ses outils : selon des calculs empruntés à Jean-Marc Jancovici, un travailleur produit environ 0,005 kWh/jour d'énergie avec des bras, et dix fois plus avec ses jambes. Sauf qu'il consomme lui-même de l'énergie, celle de son alimentation, à hauteur d'environ 5 kWh/jour. Un litre d'essence, lui, produit 2 à 4 kWh, soit le travail de 4 à 80 travailleurs, selon qu'ils travaillent avec leurs bras ou avec leurs jambes. Et quelle énergie faut-il pour prélever un litre d'essence ? Jusqu'à présent, pas tant que ça (même si nous avons vu que le retour sur investissement de l'énergie se dégrade).

Jancovici a calculé quel serait le nombre d'esclaves dont on aurait besoin pour remplacer la production faite par toutes nos machines : en moyenne, un Français mobilise par son mode de vie 30.000 kWh d'énergie par an, soit environ l'énergie fournie par 427 esclaves. On peut même répartir ces esclaves fictifs selon ce qu'ils produiraient. Il nous en faudrait ainsi 22 en moyenne pour satisfaire nos besoins en transport. Même si 22 porteurs n'iraient de toute façon pas aussi vite que nos voitures à essence…

Une chose est sûre : produire plus, que ce soit avec plus de machines ou avec des machines plus performantes c'est toujours produire avec plus d'énergie. La preuve ? La plus belle relation statistique que l'on puisse avancer en économie est celle qui associe le niveau de production mondiale et la consommation d'énergie. Les statisticiens font même un calcul de coefficient de corrélation entre deux variables : quand celles-ci évoluent parfaitement l'une par rapport à l'autre, les points qui relient ces deux variables forment presque une droite et le coefficient de corrélation est égal à 1. Entre la consommation d'énergie et la production mondiale, le coefficient est égal à… 0,99 ! Produire, c'est consommer de l'énergie.

Si on arrivait à produire plus avec moins d'énergie, ce qu'on appelle la transition énergétique, c'est-à-dire un monde merveilleux dans lequel on augmente la production sans augmenter la dépense en énergie, la courbe monterait en se recourbant (elle ferait un coude, disent les statisticiens). Or, elle ne semble même pas donner le moindre signe de retournement… Ce qui veut dire que chaque année, en produisant plus, on consomme plus d'énergie. On produit plus PARCE QU'on consomme plus d'énergie[10].

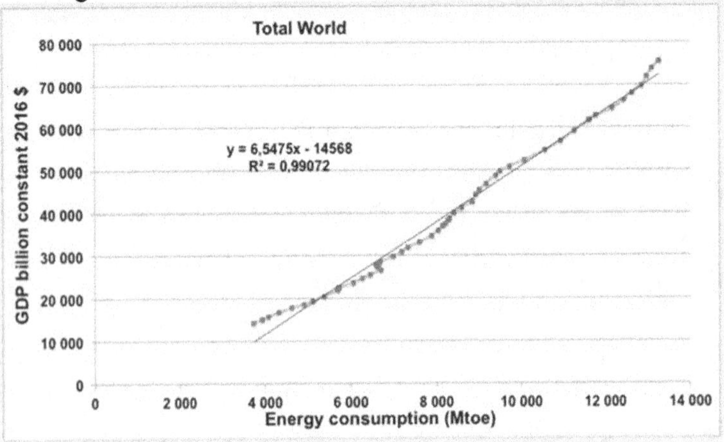

PIB mondial en milliards de dollars constants de 2014 (axe vertical) en fonction de la consommation d'énergie mondiale en millions de tonnes équivalent pétrole (axe horizontal), pour les années 1965 à 2016.

Source : https://jancovici.com

10 Cette relation linéaire est un sujet d'étude complexe, en raison de la non-simultanéité entre la vente de la production et la consommation d'énergie. Il ne semble pas faire de doute cependant qu'une causalité existe entre ces deux variables. Plus d'infos sur : http://mse.univ-paris1.fr/pub/mse/CES2014/14097.pdf

Or, l'énergie finale, que ce soit de l'essence ou de l'électricité, pour citer les deux plus utilisées, on la produit la plupart du temps en brûlant une ressource fossile, c'est-à-dire en combinant, par combustion, des atomes de carbone à des atomes d'oxygène. Ce qui veut dire que notre consommation d'énergie croissante rejette de plus en plus de CO2 (ou gaz carbonique) dans l'atmosphère. Là aussi, la corrélation est jolie. Si on superpose la courbe de la croissance économique à celle des émissions de CO2, on voit qu'elles évoluent de façon tout à fait symétrique.

À ce propos, qui a dit que l'informatique nous permet d'économiser de l'énergie ? En 2012, Internet consommait déjà 2 % de l'énergie mondiale. Internet a besoin d'énergie pour fabriquer les matériels (énergie grise) autant que pour les faire fonctionner. Et la croissance de cette consommation d'énergie est encore plus corrélée à l'utilisation d'Internet que dans la droite qu'on a évoquée tout à l'heure. Cette consommation d'énergie par le réseau double tous les 4 ans, ce qui veut dire qu'à cette vitesse, en 2035, Internet aura besoin de toute l'énergie mondiale… Et même les économies faites par les applications de partage des biens n'ont rien de spectaculaire. Où est l'économie des applications d'autopartage, quand il faut faire chauffer des téléphones pour que quelques étudiants fauchés trouvent quelqu'un qui veut bien les transporter, ce que je faisais presque tous les jours quand j'étais étudiant (fauché aussi) en pratiquant l'auto-stop (zéro kWh de consommation d'énergie) auprès de conducteurs qui étaient deux fois moins nombreux, et qui partageaient donc beaucoup plus qu'aujourd'hui ?

Récapitulons : pour soutenir la croissance extensive dans ses moments de faiblesse, les économistes et les industriels proposent systématiquement de renforcer l'efficacité des moyens de production. Si on reconnaît qu'on ne peut pas aller plus vite ou produire autrement qu'en consommant plus d'énergie, il faut admettre que la croissance intensive bute sur une grosse limite qui se nomme : le dérèglement climatique ! De même qu'un sportif qui cherche sans cesse à repousser ses limites finit toujours par mettre en danger sa santé par l'usage de substances dopantes qui réduisent son espérance de vie, l'humanité est en train de réduire son espérance de vie en cherchant à tout prix à produire sans cesse plus et mieux avec des énergies fossiles.

Je serais sans doute un peu malhonnête de vous dire qu'on ne sait pas économiser l'énergie : parce qu'on sait le faire. Le problème, c'est que ça n'économise pas la consommation globale de l'énergie à cause de l'effet-rebond.

Moins, c'est toujours plus

C'est à un économiste nommé Stanley Jevons que l'on doit la première formulation de ce phénomène, sous la forme d'un paradoxe qui porte son nom. L'explication est simple : imaginez qu'on sache faire des voitures qui utilisent toutes moins d'essence ou de matériaux. Par exemple, imaginons que l'on passe de véhicules qui consommaient 10 litres tous les 100 kms à des véhicules qui en consomment deux fois moins (5 litres aux 100). Si, dans le même temps, on utilise cet argument d'économie d'énergie (donc de moindre consommation d'essence) pour vendre 3 fois plus de voitures, que se passe-t-il, alors ? Le calcul est élémentaire : 100 voitures à 10 litres consomment ensemble 1000 litres d'essence pour 100 kms, alors que 300 voitures à 5 litres ont besoin de 1500 litres d'essence. On se retrouve avec des voitures qui utilisent chacune deux fois moins d'énergie mais qui ensemble en consomment 50 % de plus !

Or, c'est exactement ce qui se passe dans le monde : on sait très bien que les économies d'énergie ne servent qu'à permettre à toujours plus d'habitants de la planète de consommer plus de biens et de services (et certains ont de la marge avant de consommer comme les Américains… ou même comme les Français !). La croissance intensive est donc un mode de croissance qui connaît ses limites, soit parce que les innovations sont de moins en moins efficaces, soit parce qu'elles le sont trop ! Elles dopent alors la croissance et ont un impact irréversible et dangereux sur les émissions de CO2, donc sur le climat et sur les conditions de vie des générations futures. Sans compter la prédation qu'un tel système de croissance opère sur les ressources rares et la biodiversité ainsi que la déstabilisation que celui-ci produit sur nos psychismes et sur nos organisations sociales (patience, nous en reparlerons en deuxième partie).

La part n'est pas faite entre ce que les dégâts climatiques et environnementaux doivent au progrès technique et ce qu'ils doivent au marché, tant ces deux mécanismes, l'un technologique et l'autre économique, ont partie liée. De fait, il est presque impossible de s'éloigner du premier sans abandonner aussi le deuxième. D'autant plus que l'on a toujours cherché à sauver le marché par le recours à la technologie[11].

Les modes de croissance extensive et intensive butent de plus en plus ostensiblement sur leurs propres limites. Mais il existe une troisième façon de stimuler le système productif marchand : en dopant le moteur de la demande. C'est ce qui a été réalisé avec un succès inégal depuis que la croissance s'essouffle, comme nous allons le voir dans les pages suivantes.

On verra dans ce prochain chapitre que l'imagination des économistes pour maintenir le système en croissance est sans limites.

Et c'est sans doute ça, le problème.

---

11 Je réserve l'étude du rôle central des innovations pour un prochain livre car cela nous mènerait trop loin, si l'on veut étudier sérieusement la place excessive que le progrès technique prend dans la pensée économique comme dans nos existences.

Verso 2

Question : combien de temps peut-on croître ?

Prenez une grandeur égale à 100 en 1850. Faites-la se reproduire chaque année en l'augmentant de 2% par an pendant 170 ans. Calculez la somme de toutes les grandeurs obtenues pour chacune de ces 170 années. Vous trouverez une quantité à peu près égale à 140.000. Maintenant, continuez à faire grandir cette variable pendant 33 ans. Vous vérifierez facilement que la somme de ces 33 dernières grandeurs est elle aussi à peu près égale à 140.000.

Que signifie ce calcul simple ?

Si on suppose que la croissance économique « prélève » chaque année en moyenne sur deux siècles la même quantité de ressources rares, plus 2% par an, cela veut dire que dans une génération l'humanité aura détruit en 33 ans autant que ce qui a été détruit depuis la révolution industrielle jusqu'à nos jours (relisez cette dernière phrase, elle est scotchante même quand on y est préparé).

Pour qui a vu et compris l'étendue des dégâts sur la nature, les écosystèmes et les humains provoqués par 170 ans de croissance industrielle, il faut juste être fou (ou économiste, mais est-ce si différent ?) pour penser que le prolongement de la croissance est souhaitable dans les 30 ans à venir.

Il est temps, non pas de ne plus rien faire ni de rien produire, mais de se limiter (oh, le gros mot !) à ce qui nous est vraiment nécessaire.

Chapitre Deux

Croissance sous perfusion

Avant d'aborder en détail les causes et les conséquences de la fin de la croissance, il nous faut comprendre quel est le troisième moteur de la croissance. Un moteur qui, lui aussi, a déjà produit bien plus de dégâts que de richesses.

Les économistes ont montré l'importance de ce qu'on nomme les débouchés, c'est-à-dire les possibilités de vendre des produits. Il existe trois mécanismes qui ont stimulé la consommation de façon exceptionnelle dans notre histoire, au cours du siècle passé. Il y a bien sûr les innovations, mais aussi la marchandisation des activités domestiques et les crédits bancaires. Ces derniers jouent un rôle essentiel pour soutenir la croissance économique depuis le début du XXIe siècle. La marchandisation des activités est beaucoup plus ancienne.

Pour les innovations, qu'elles permettent de faire de nouveaux produits qui donnent envie d'acheter ou qu'elles améliorent la productivité des machines comme on l'a vu précédemment (ce que l'on nomme les innovations de procédé), elles stimulent toujours la consommation car elles offrent de nouveaux produits, parfois plus performants, comme les nouvelles générations de produits électroniques, et souvent moins chers. Voilà pourquoi François Hollande, comme tous ses prédécesseurs et tous ses successeurs, avouait publiquement être « schumpétérien ». Mais on a suffisamment parlé des innovations et de leurs limites. La croissance des débouchés entraine d'autres changements majeurs de société.

La marchandisation des activités domestiques est un phénomène passionnant parce qu'il correspond à une période assez unique dans l'histoire de l'humanité : celle où l'on a transféré la production que l'on réalisait nous-mêmes dans nos familles, dans nos exploitations agricoles, dans nos maisons… vers le marché, c'est-à-dire vers les entreprises qui vendent leurs produits. Au cours de cette période, tous les objets ou plats « faits maison » ont été peu à peu pris en charge par l'industrie, celle de l'agroalimentaire, du prêt-à-porter, etc. Même les fêtes de village, qui étaient des distractions collectives non marchandes, ont été remplacées par la consommation de parcs de loisirs (ou de discothèques) dans lesquels les gens payent pour vivre des sensations fortes et agréables.

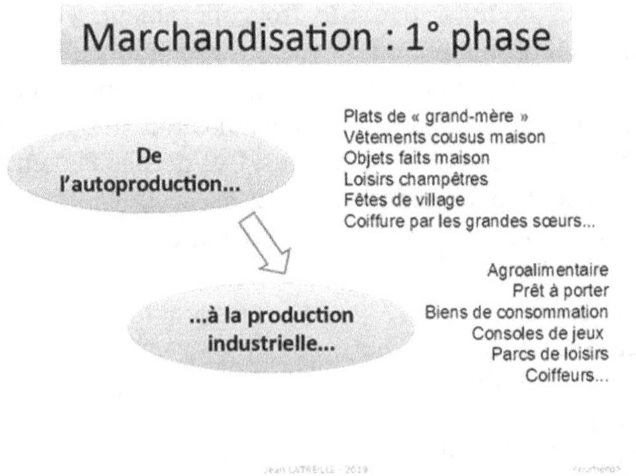

Mieux encore : dans une 2° phase de la production de services, la production marchande est remplacée par l'achat par les ménages des moyens de production pour faire eux-mêmes ce qu'ils achetaient auparavant à l'industrie ! Ce qui permet à l'industrie de nous vendre encore quelque chose : par exemple, des machines à pain pour ceux qui ne veulent plus acheter leur pain au boulanger. Ou des consoles de jeux en réalité virtuelle pour faire comme si vous étiez sur des manèges de fête foraine ou à bord d'un avion. On achète même des smartphones pour visualiser des tutoriels sur lesquels on apprend à faire la cuisine, donc ce que faisaient nos grand-mères en première période d'autoproduction.

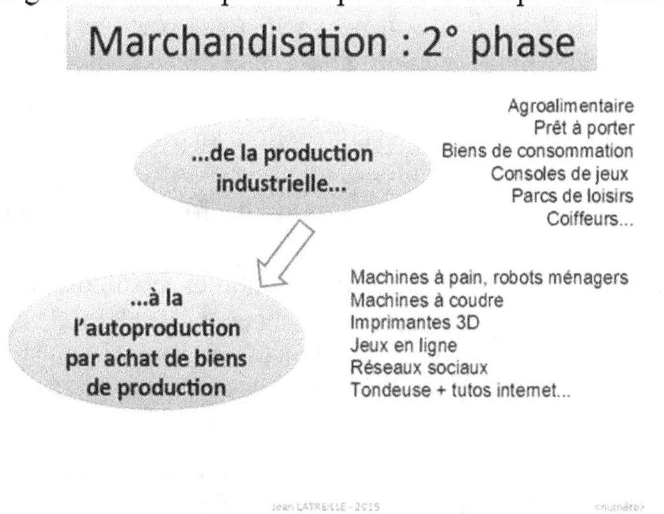

Ce que nous apprend l'étude de la marchandisation des activités c'est d'abord que cette transition n'a lieu qu'une seule fois. C'est-à-dire que les Trente Glorieuses, puisque c'est la période concernée, ont été des années de croissance exceptionnelle car on est exceptionnellement passé d'un type de société où l'on faisait beaucoup de choses soi-même[12] à une société où l'industrie nous a vendu ce qu'on ne sait plus faire ou, dans le meilleur des cas, nous a vendu les moyens de faire nous-mêmes ce qui nous plaît. Cette transition n'a lieu qu'une fois. Une fois qu'elle est faite, il n'y a aucune raison que la croissance des ventes qui n'est soutenue que par le renouvellement des biens d'autoproduction soit aussi rapide et massive. Sauf s'ils ne durent pas, ce que permet l'obsolescence programmée. Cette façon de limiter la durée de vie des produits est dans la logique même de la production marchande.

---

12 Une société où les femmes, en particulier, faisaient beaucoup elles-mêmes, sans rétribution sociale particulière, pour toute la société. Un point fondamental que nous soulèverons en conclusion de ce livre.

L'autre leçon à tirer de la marchandisation du monde c'est que *presque toutes les activités humaines ont été mises au service de la production des biens et des services qui satisfont des besoins secondaires, non essentiels.* En effet, pour fabriquer ces biens et services, nous avons besoin d'experts en recherche, en conception, en distribution, mais aussi en gestion et en recrutement de tous ces « experts ». Et tout ce petit monde a besoin d'être formé. Il faut aussi produire les moyens financiers d'organiser tout ça, des réseaux pour transmettre l'information et les produits, des décharges aussi pour gérer les déchets qui résultent de cette production, et pourquoi pas, il faut même des penseurs pour expliquer la complexité de cette société à ceux qui en font partie (c'est mon boulot !). En dernier lieu, il faut que tous les gens qui font tout ça, se nourrissent, se logent, se soignent, se chauffent et se déplacent[13] !

Ainsi, l'essentiel de nos activités repose désormais sur notre capacité à trouver et à imaginer d'autres choses à vendre aux consommateurs. Le jour où les consommateurs arrêteront d'acheter des biens superflus, la plupart de nos activités perdront leur raison d'être. Et en réduisant nos revenus, nous tuerons alors le système marchand. Libérant ainsi un temps certain pour nos activités non marchandes, celles consacrées à nos besoins essentiels.

Le crédit ou la préférence pour le présent

J'ai gardé pour la fin le moteur le plus puissant mais aussi le plus utilisé au cours de ces 20 dernières années : la puissance des crédits ! *Un crédit*, comme chacun le sait, c'est de *l'argent prêté à quelqu'un pour lui permettre de consommer tout de suite en payant avec l'argent qu'il gagnera plus tard.* En effet, quand la banque vous prête,

---

13 Voir la représentation graphique de toutes ces activités dans le Chapitre neuf : De quoi n'avons-nous pas besoin ? (page 125)

elle compte bien qu'avec vos revenus futurs, vous allez non seulement lui rembourser l'argent prêté mais en plus que vous allez lui verser une rémunération pour le service qu'elle vous aura rendu, une rémunération qu'on nomme en économie les intérêts ! La banque est la seule à pouvoir vous aider à réaliser un bond dans le temps pour faire *comme si vous alliez chercher vos revenus futurs* pour les dépenser tout de suite. Faire un tel bond permet de satisfaire une envie bien connue depuis que l'homme existe et qu'on nomme en économie la préférence pour le présent.

De nombreux dictons illustrent la sagesse populaire selon laquelle il est bon de savoir profiter de la vie : *« Un tien vaut mieux que deux tu l'auras »*, dit le pêcheur au petit poisson dans une fable de La Fontaine[14]. *Carpe Diem,* disaient les penseurs de l'antiquité et John Maynard Keynes, le penseur de la relance par la création monétaire, ajoutait *« À long terme nous serons tous morts ».* Le même Keynes faisait des conférences radios en pleine crise des années 1930 pour pousser les ménagères à consommer le plus possible, et sans attendre, pour soutenir l'industrie nationale.

Or, consommer le plus possible tout de suite, consommer maintenant ce qu'on mettra une vie à payer, voilà ce que permet le miracle des crédits qui sont presque toujours de la création de monnaie supplémentaire. Si l'on observe la hausse des crédits depuis 25 ans, on prend un peu

---

14 Le poisson, pour ne pas se faire manger, propose en effet au pêcheur de revenir le prendre plus tard quand il sera plus gros « Sinon, il vous en faudra prendre Peut-être encor cent de ma taille Pour faire un plat. Quel plat ? croyez-moi ; rien qui vaille.... - Rien qui vaille ? Eh bien soit, repartit le Pêcheur ; Poisson, mon bel ami, qui faites le Prêcheur, Vous irez dans la poêle ; et vous avez beau dire, Dès ce soir on vous fera frire ». Le pêcheur de la fable préfère bouffer tout de suite le petit poisson qu'en attendre un autre, éventuellement plus gros, dont il n'est pas du tout sûr. *Un tien* -le petit poisson pêché- *vaut mieux que deux « tu l'auras »* (peut-être).

le vertige tout de même. Rien qu'en France, avant la crise de 2009, les crédits faits aux entreprises et aux ménages étaient passés de 400 mds € à 800 mds pour les premières et à plus de 1000 mds € pour les autres ! Sans compter que tout le monde a emprunté de plus en plus pour acheter des logements et des bureaux : les crédits faits à ce secteur sont passés de 200 mds € à 800 mds € (notez que le PIB de la France était de 2000 mds à l'époque…).

Les Français ne sont pas les champions du monde de l'endettement. Les champions, ce sont… les États-Unis, dont l'endettement total, celui de leur gouvernement, de leurs entreprises, de leurs banques et de leurs ménages représente 3,5 fois leur création de richesse annuelle (leur PIB). Les Japonais et les Chinois, pour parler des autres grandes puissances économiques, ne sont pas mauvais non plus en termes d'endettement et ont suivi le grand mouvement de hausse des crédits amorcé par la mondialisation financière des années 80. La crise du COVID, financée « quoiqu'il en coûte » dans de nombreux pays, en particulier en Europe, n'a fait qu'aggraver le problème.

Cette hausse des crédits était telle depuis le début des années 2000 que tous les économistes dignes de ce nom savaient que le krach allait arriver. Dans *Enjeux-Les Échos*, mensuel de l'économie, on titrait dans le même sens que *The Economist* dès septembre 2005 : « Demain, le krach ? » s'affichait à la une. On savait que cette façon de stimuler artificiellement la croissance allait aboutir forcément à l'éclatement d'une immense bulle monétaire et financière. Un éclatement qui a eu lieu, en août 2007, et qui a été suivi de deux grandes années de crise. Par bonheur, comme souvent en pareil cas, on en a tiré une leçon…

La leçon, c'est que sans doute *on n'avait pas fait assez de crédits* pour que ça reparte suffisamment fort ! Alors on a fait pire depuis, et dans le monde entier. En 2014, le rapport McKinsey estimait à plus de 200.000 milliards de $ le montant cumulé des dettes mondiales. Ce qui représente presque 3 fois le PIB mondial. Ce qui veut dire que si toute la richesse créée dans le monde était consacrée au remboursement des dettes, il faudrait 3 ans pour y parvenir. Comme il faut bien consommer un peu nos revenus (pour vivre), si on y consacrait la moitié de nos revenus, il faudrait 6 ans, et avec un ¼ de nos revenus (ce qui est déjà énorme), il faudrait 12 ans.

En fait, il ne faut pas moins d'une génération pour rembourser un tel niveau de dettes. Ce qui signifie que l'humanité devra pendant une génération se priver d'une partie de sa richesse pour payer ce que les générations précédentes ont déjà consommé à crédit. Si vous aviez un doute sur les explications précédentes du ralentissement de la croissance, nous voici face à un frein à la croissance future qui est de première qualité.

La question est alors de se demander pourquoi ne pas continuer à s'endetter plus et à accumuler les dettes. Le problème est qu'on crée un système financier totalement instable. Comme pour les pics de ressources, quand on crée de la monnaie il arrive toujours un moment où le montant des nouvelles sommes prêtées devient inférieur au montant des crédits remboursés. À partir de ce moment-là, la quantité de monnaie en circulation (la masse monétaire) se met à se contracter et c'est là que les prix s'effondrent (c'est le *credit crunch*). Ce qui n'empêche pas de reformer ensuite une nouvelle bulle avec de nouveaux crédits.

Mais cette croissance monétaire est particulièrement instable et crée régulièrement des faillites (notamment bancaires) dont les effets se diffusent à toute l'économie : on parle de risque systémique car tout le système économique peut être alors fragilisé. En 2008, quand le gouvernement américain a laissé la banque Lehman Brothers faire faillite, au motif qu'il fallait que les banquiers soient responsables de leurs actes, c'est le PDG de General Motors, dont les difficultés économiques s'aggravaient, qui contacta le Secrétaire d'État aux finances américain (leur ministre des Finances), Hank Paulson. Son inquiétude était de ne plus trouver aucune banque capable de lui prêter de quoi investir en raison de la fragilité croissante des banques qui ne prêtaient plus à personne et surtout pas entre elles !

Bien sûr, certains petits malins se disent qu'on peut toujours effacer définitivement les dettes, ce qui est une idée assez séduisante et assez systématiquement employée dans les civilisations passées pour repartir sur de bonnes bases, notamment après les guerres. Une telle proposition mérite qu'on l'étudie mais si on trouvait le moyen d'y parvenir, une chose serait sûre : ce moteur de la croissance serait délégitimé à jamais, puisqu'on voit mal les créanciers (les prêteurs) n'ayant pas retrouvés leurs crédits, disposés à prêter à nouveau à des agents qui ont pris l'habitude de ne pas rembourser. Effacer les dettes est une solution pour un nouveau départ vers un autre système d'échange, mais ça n'est absolument pas une condition du retour d'une croissance forte à crédit. En tout cas pas durablement.

Alors, que faire ? Il est temps d'aborder cette question quasiment révolutionnaire…

La fin de la croissance

Nous avons donc vu que *la fin de la croissance future a été préparée par 70 ans de croissance débridée.* En effet, la croissance extensive, par prélèvement des ressources, atteint peu à peu (mais inéluctablement) ses propres limites ; la croissance intensive par des gains de productivité reposant sur la consommation d'énergies fossiles a mis en danger de façon inédite la survie même de l'humanité (et pas de la planète, qui se débrouillera très bien sans nous si nous devions disparaître) ; et la croissance par les débouchés nous condamne à des années de remboursement des dettes (les seuls étudiants américains doivent 1000 mds $ à leurs banquiers, autant d'argent qui réduira leur consommation future).

Ce n'est donc pas un simple manque de carburant qui grippe le moteur de la croissance, c'est bien une sorte d'implosion du mécanisme de production qui atteint ses limites physiques. On pensait que les économies modernes étaient des bolides qui pouvaient rouler à pleine puissance indéfiniment, or ce n'est pas le cas : le bolide est presque bon pour la casse. Avant de se demander si cette fin de la croissance est une bonne ou une mauvaise nouvelle, il est important de répéter que le prolongement de la croissance à des rythmes de type « Trente Glorieuses » serait de toute façon une catastrophe. C'est exactement ce qu'avait prévu Jean Fourastié, l'inventeur de l'expression « Trente Glorieuses », dans le livre auquel il a donné ce titre.

Le GIEC a parfaitement documenté, comme on dit, une telle prévision. Les scientifiques sont unanimes (et pas seulement *un peu* d'accord) pour dire que la montée du niveau de la mer n'est pas une probabilité mais une réalité dont les conséquences seront dangereuses puisqu'un humain sur six (et même quatre sur dix en Europe du Nord) vit à moins de 15 kms des mers et des océans. Les températures moyennes ne vont pas cesser d'augmenter (même si l'on cessait dès à présent de faire de la croissance intensive) et les réfugiés climatiques, qui existent déjà, seront plus nombreux encore : soit ils chercheront à aller là où il fait bon vivre et ils risquent d'entrer en conflit avec ceux qui profitent déjà des avantages de tels climats, soit ils iront vivre dans des régions non habitées car inhospitalières. Dans les deux cas, leur existence sera plus difficile qu'aujourd'hui et les risques de guerre seront accrus par la rareté croissante des ressources. Enfin, les pollutions engendrées par la croissance passée ne feront que développer leurs conséquences morbides : hausse des cancers, obésité, Alzheimer, zoonoses, etc.

Puisqu'on est dans les mauvaises nouvelles, en attendant les bonnes qui viendront juste après, signalons que la fin de la croissance interdira un mécanisme économique auquel tout le monde était bien accoutumé : la hausse constante des revenus, et notamment la hausse des salaires à l'ancienneté, qui n'est permise que par la croissance constante de la VA créée par les agents économiques. C'est donc l'accumulation que les individus faisaient sur une vie, en empruntant des sommes hallucinantes qu'ils remboursaient par la hausse de leurs revenus futurs, qui ne sera plus possible, sauf… en consommant moins, pour plus investir, ce qui contribuera à réduire un peu plus encore la croissance. Ce sera fromage ***ou*** dessert, en quelque sorte.

Parvenus à ce point-là de ma démonstration, certains ont eu largement le temps d'affûter leurs arguments, non pas pour me convaincre que le raisonnement est faux mais pour se convaincre eux-mêmes qu'*il ne peut pas* être juste. L'idée de la fin de la croissance est si insupportable qu'il est sans doute plus facile pour ceux à qui on en parle de mettre de tels propos sur le compte d'une personnalité gauchisante, propagateur de fausses rumeurs, Nostradamus grisonnant, fonctionnaire frustré de n'avoir jamais fait fortune ou dépressif cinquantenaire qui veut embarquer tout le monde dans son naufrage personnel.

En vérité, comme de nombreux décroissancistes, je vais plutôt bien merci, je mène une vie assez confortable, conformiste et conservatrice et je ne prends aucun plaisir à jouer les oiseaux de mauvais augure. En revanche, ce que l'on sait des évolutions économiques et des mécanismes qui les gouvernent peut conduire à penser intimement que nous sommes désormais condamnés à vivre *mieux*, si nous voulons vivre *vieux*. Tout d'abord, la première bonne nouvelle est qu'il n'y a aucune raison d'imaginer que nous allons cesser un jour de produire. La croissance zéro n'est pas la production zéro, le génie productif des humains n'est pas près de s'éteindre. En fait, il ne s'éteindra qu'avec nous, et je pense que la disparition rapide de l'humanité n'est pas un scénario aussi probable que certains effondristes le disent.

La meilleure nouvelle cependant est celle qui consiste à se dire que la façon dont le monde change va nous obliger à comprendre la différence entre **croître** et **se développer**. Nous devrions prendre exemple sur le hamster. Cette petite bête adorable pèse deux grammes à la naissance et connaît une croissance spectaculaire : toutes les semaines, elle double son poids. Cette croissance, qu'on nomme exponentielle en mathématiques, lui permet d'atteindre quelques centaines de grammes en deux mois ($2^9 = 512$ g). Mais le hamster a l'intelligence de stopper à ce moment précis sa fabuleuse croissance, de façon nette. Et heureusement pour lui, comme pour nous : car sinon, au bout d'un an, le hamster pèserait près de 9 milliards de tonnes ($2^{53} = 9 \times 10^{15}$) et consommerait chaque jour la production mondiale annuelle de maïs !

Ce que *l'apologue du hamster* nous permet de comprendre, c'est le fait que la croissance n'est pas dangereuse en soi : c'est son prolongement artificiel et infini qui l'est. Passé une certaine taille, toute croissance supplémentaire relève du surdéveloppement, c'est-à-dire du dépassement de ses possibilités de croissance naturelle. En revanche, rien n'empêche un organisme ayant atteint sa taille adulte (qui est son point de maturité) de se développer encore, c'est-à-dire de se modifier et de s'adapter.

Et maintenant, on va où, Papa ?

La bonne nouvelle est donc que nous n'arrivons pas à la fin de l'histoire, mais à un tournant, voire au début d'une nouvelle histoire qu'il nous reste à écrire. En fait, on a toujours le choix de décider de notre avenir. Même si certains climatologues pensent que notre avenir climatique est déjà scellé dans le marbre du CO2 émis en excédent dans l'atmosphère depuis les débuts de l'ère industrielle, le climat ne détermine pas tout. Si vous deviez choisir un avenir pour l'humanité, quel chemin prendriez-vous, si vous avez le choix entre faire le plus de croissance possible ou pas ? Si on force encore sur la croissance, il n'y a que deux avenirs à peu près sûrs. *A court terme*, on continuera avec ce monde imparfait et très inégalitaire dans lequel certains s'enrichissent de plus en plus quand les autres subissent toujours plus les contraintes de la production sans limites. *À long terme*, on le sait, l'option « forte croissance » conduira très vraisemblablement à la disparition d'une bonne partie de l'humanité elle-même.

On peut cependant choisir la voie de la croissance faible, et pourquoi pas de la décroissance qui consiste à produire un peu moins chaque année. *À court terme*, nous irions vers un monde triste, puisque plus personne n'accumulerait et ne réaliserait ses vœux de « toujours plus » auxquels nos sociétés sont si attachées, car ils nous laissent le sentiment d'avoir des vies si agréables. *À long terme*, la décroissance marchande mènerait à quoi ? Nul n'en sait rien. À un autre monde, qui devra être construit peu à peu, dans lequel les jeunes et les anciens tenteront d'échanger et de partager leurs savoirs et leurs savoir-faire, au service de la satisfaction de leurs besoins les plus importants mais toujours dans le respect de la conservation des ressources matérielles de notre seule et unique planète.

Entre croissance et décroissance, il faut donc bien se convaincre que l'option de la décroissance est certainement la plus incertaine, mais elle est *la seule qui ne nous mène pas au pire*. Car il est fort possible que dans cette nouvelle ère à venir on vivra mieux qu'actuellement. Notamment si l'on sait se débarrasser de l'envie oppressante d'enrichissement. *Quid non mortalia pectora cogis, Auri sacra fames*[15] - disait Virgile. C'est bien cette *soif de l'or* qui justifie les arguments utilisés par tous les pollueurs et destructeurs du monde. En 1924, par exemple, les producteurs de pétrole américains arguaient déjà que la richesse qu'ils créaient justifiait bien quelques victimes. Il a fallu attendre 60 ans pour qu'on impose l'essence sans plomb[16]. La bonne nouvelle c'est donc qu'on devrait prendre l'habitude, à partir de maintenant, de ne plus perdre de temps pour améliorer nos vies, en sachant choisir nos priorités.

L'humanité va donc certainement revenir à un comportement typique de toutes les espèces vivantes, selon Karl Popper : celui qui consiste à tout faire pour aller « à la recherche d'un monde meilleur ». Si ce principe ne guidait pas l'ensemble des espèces vivantes, elles ne le seraient plus depuis longtemps ! Et pour cela, la fin de la croissance devrait bien nous aider. Puisque la seule façon d'enrichir les pauvres en période de croissance nulle est de redistribuer la richesse de ceux qui ont le plus vers ceux qui ont le moins, nous sommes condamnés à aller vers plus de justice sociale. Par ailleurs, la réparation des dégâts de la croissance et la baisse de la productivité devrait occuper pas mal de travailleurs, pendant pas mal de temps, ce qui signifie que l'on a là une source importante de créations d'emplois. Et l'on peut, avec Virgile, affirmer que l'abandon de l'obsession pour l'enrichissement devrait être un progrès moral important.

Dans ce monde incertain, une chose est sans doute sûre à très long terme : la sortie du rythme effréné imposé par l'énergie artificielle nous permettra sans doute de retrouver

15 O exécrable faim de l'or / À quoi ne forces-tu pas le cœur des hommes !

16 Cette histoire édifiante, comme l'apologue du hamster et tant d'autres encore, est tirée de Sacrée Croissance, de Marie-Monique Robin.

les rythmes naturels auxquels l'humanité avait réussi à s'adapter depuis belle lurette, et qui contribuent en grande partie à son bien-être. Car les rythmes artificiels ne conviennent qu'aux machines et nous obligent à vivre au-dessus de nos moyens psychiques : nous voulons croire que de multiples béquilles technologiques vont nous permettre sans cesse de dépasser nos limites. Mais les limites ne sont pas faites pour être dépassées, elles sont faites pour nous rassurer, nous cadrer, et pour qu'on s'amuse un peu en les bousculant de temps à autre, sans excès et sans les repousser plus loin qu'il n'est supportable. Bousculer les limites reste un défi stimulant. Les supprimer est une folie.

On a vu que John Stuart Mill (et Smith lui-même, pourtant fondateur de la pensée libérale) pensait déjà que la croissance de la consommation de biens (les babioles, comme les nommait Smith) n'apportait rien de fondamental à la vie des individus. Beaucoup de gens commencent enfin à le comprendre, même si ce sont souvent des gens qui ont déjà beaucoup, voire trop, ce qui est le cas des Français dans mon genre (et de vous aussi, peut-être ?). Mill écrivait en 1848, dans ses Principes d'Économie Politique :

« Je ne vois pas pourquoi il y aurait lieu de se féliciter de ce que des individus, déjà plus riches qu'il n'est besoin, doublent la faculté de consommer des choses qui ne leur procurent que peu ou point de plaisir, autrement que comme signe de richesse. »

Nous allons donc laisser à John Stuart Mill le mot de la fin, lui qui pensait, comme d'autres grands d'économistes, que la course effrénée à la richesse devrait un jour aboutir à un état stationnaire, permettant la libération des hommes et les obligeant à « cultiver l'art de vivre ». Il semble que ce jour est en train d'arriver à grands pas.

Chapitre Trois

Les mensonges de la productivité

Un jour viendra où l'on reconnaîtra qu'Adam Smith fut plus doué pour la philosophie que pour l'économie. Si, dans sa simplicité et sa limpidité, la Théorie des sentiments moraux[17] ne souffre pas beaucoup d'objections encore de nos jours, c'est de moins en moins le cas de la Richesse des Nations. Le regretté David Graeber a définitivement réglé son compte à la fable du troc inventée par le père de l'économie politique. Dans « Dette, 5000 ans d'histoire » il montre que non, la monnaie n'a pas été inventée pour simplifier les échanges et que non elle n'est pas neutre socialement. La dette monétaire, bien avant la généralisation des marchés, était au cœur des relations sociales. En sortant la monnaie de la vie sociale, Adam Smith a permis aux prétendues lois de l'économie de vivre leur vie en dehors de toute considération sociale. Marx a eu beau faire, les rapports sociaux de production sont devenus, sous l'influence de la pensée smithienne, un simple dégât collatéral du fonctionnement de la grande machine productrice de richesses. L'important, l'essentiel, était de produire. Vite et bien.

Or, les économistes auront mis plus de deux siècles pour commencer à comprendre qu'une autre fable, plus dévastatrice encore, était née sous la plume de l'économiste écossais : celle de la productivité.

Attention : il n'est pas question pour moi de dire que la productivité n'existe pas. La hausse de la quantité produite par unité de facteur de production est une réalité indiscutable. Si fable il y a, c'est parce que Smith a utilisé

---

17 Publiée en 1759, et dans laquelle il théorisa le rôle fondamental de la sympathie dans les relations sociales, alors qu'on a fait de lui, par la suite, le précurseur de l'individualisme cupide. Ce qui est très réducteur.

ce mécanisme pour en tirer des raisonnements totalement fallacieux. Si vous êtes prêt à remettre en cause des certitudes bien établies depuis vos cours d'économie, je vous invite à me suivre le temps de quelques paragraphes. Et si vous n'avez jamais fait d'économie, c'est peut-être une chance pour vous. Vous allez comprendre pourquoi.

Si vous avez étudié cette science des ténèbres, comme certains ont pu la surnommer, vous savez que le premier chapitre du premier livre de la Richesse des Nations de Smith porte sur la division du travail. C'est un grand classique de la science économique, un morceau de bravoure, un texte fondateur. À travers l'exemple d'une manufacture d'épingles, emprunté aux encyclopédistes français, Smith a montré que la meilleure façon d'augmenter la richesse produite est de trouver le moyen d'augmenter la "puissance productive du travail". Cette expression qu'il utilisait (on ne parlait pas encore de productivité) était parfaitement adéquate. Il s'agit de trouver le moyen de faire produire plus de biens (ou de valeur) à chaque ouvrier occupé. Dans son exemple, Smith disait que par une répartition plus ingénieuse des tâches, il était possible pour chaque ouvrier de produire en moyenne 4.800 épingles par jour, contre une vingtaine seulement si chacun doit réaliser toutes les tâches de bout en bout. 240 fois plus, ça n'est pas rien.

Voici quelle est la trouvaille originelle, l'idée fondatrice de la science économique : celle selon laquelle en étant un peu malins, les hommes pourraient se muer en super producteurs et démultiplier leurs capacités de production en modifiant juste leur organisation productive. Sans rien de plus. Tu parles…

Car, au moment où Smith inventait un monde dans lequel chaque ouvrier voit sa puissance productive multipliée par 50 par sa seule capacité à bien s'organiser, son collègue de l'Université de Glasgow, ingénieur innovateur de génie, améliorait définitivement la machine à vapeur, l'année même de la publication de la Richesse des Nations, en 1776. James Watt, dont le nom même est devenu celui de la puissance mécanique, a compris comment les hommes pouvaient s'approprier une force productive incomparablement plus importante que celle de leurs petits bras, indépendamment de toute organisation du travail. Cette machine à convertir de l'énergie en puissance mécanique a vu ses capacités surmultipliées par l'essence de pétrole, dont on a en plus découvert par la suite qu'il avait l'immense avantage de ne pas dépendre d'un fil électrique qui va jusqu'à la prise et permettait une autonomie de travail d'un niveau inconnu jusqu'alors. Les machines, à savoir des outils ne fonctionnant pas à la seule énergie musculaire, étaient nées.

Machines à fabriquer ou machines à transporter, ce sont elles, et presque seulement elles, en vérité, qui ont fait exploser la puissance productive des hommes, quelle que soit leur organisation. Mais par un tour de passe-passe étonnant, tous les économistes ont continué après Smith à affirmer que la productivité vient de la seule division du travail alors qu'elle vient essentiellement de la mobilisation d'énergie non musculaire (et presque exclusivement fossile - bois, gaz, charbon, pétrole, par ordre d'efficacité croissante).

Certes, le génie organisationnel a son importance. Et les économistes montrent que la productivité est maximale quand on produit bien (efficiency) et qu'on produit les bonnes choses (effectivness). « Doing the things right & doing the right things » reste le mantra des managers soucieux d'efficacité. Mais ils ont tous oublié, s'ils l'ont jamais su, que leur puissance productive vient essentiellement de l'énergie non humaine qu'ils consomment.

Car une fois décidé de comment vous allez faire quoi, votre productivité dépendra toujours de la quantité d'énergie fossile ou renouvelable que vous mettrez dans le système.

Y compris si vous ne produisez aucun bien matériel. Les coiffeurs, qui symbolisent parfaitement les activités de services (non stockables et produites au moment de leur consommation) sont plus efficaces depuis qu'ils utilisent des tondeuses et des sèche-cheveux électriques. Nos services modernes bancaires, juridiques, informatiques, d'enseignement ou autres sont tous consommateurs d'énergie et ne gagnent en productivité qu'en consommant plus d'énergie.

Pourtant, diront quelques économistes chevronnés, si un trader change de logiciel de gestion de ses actifs financiers, il peut sans dépenser plus, produire plus de services qu'avant, non ? C'est donc bien le changement de logiciel, en supposant qu'il ne nécessite pas une machine plus gourmande en énergie, qui rendra son travail plus productif. Non ?

Non. Car si cela est vrai pour la consommation d'énergie par unité produite (ou par euro de chiffres d'affaires produit), globalement le temps de conception et de réalisation du nouveau logiciel n'a pu se faire sans temps supplémentaire et sans toute l'énergie nécessaire à sa fabrication, de celle qu'il a fallu pour vêtir et nourrir le programmeur génial à celle qui a chauffé son bureau et fait tourner son propre ordinateur.

L'illusion d'une production *de moins en moins* consommatrice d'énergie vient du calcul de la productivité moyenne par unité produite. Toute organisation qui permet de produire plus avec autant de machines et de salariés donne l'impression qu'il serait possible, par la simple division du travail, de réduire la quantité d'énergie en produisant plus. Mais c'est juste faux. Car si la quantité d'énergie diminue par bien produit elle augmente en quantité totale. Nous avons déjà dit que le processus d'amélioration de la production est lui-même gourmand en énergie mais il y a une autre raison. Car un entrepreneur qui trouve le moyen de réduire la quantité d'énergie par bien produit va réduire son coût de production. Et s'il est une loi qui ne fonctionne pas trop mal en économie (et encore, pas systématiquement), c'est celle qui veut que la baisse des prix provoque la hausse des ventes. Il est donc très improbable que notre entrepreneur productif en reste là : il augmentera sans attendre son parc de machines pour répondre à la nouvelle demande, augmentant au passage sa consommation d'énergie, pour les fabriquer et pour les faire fonctionner. C'est l'effet-rebond, que nous avons évoqué dès le premier chapitre.

Ainsi va la hausse du PIB. Je dois à Jean-Marc Jancovici de m'avoir fait découvrir la relation parfaite entre consommation d'énergie et PIB (voir p.34). Une relation linéaire avec un coefficient de détermination proche de 1, ce qui signifie pour ceux qui l'ignorent que si l'on connait la consommation d'énergie mondiale une quelconque année depuis 70 ans, on peut en déduire avec une précision étonnante le PIB mondial de la même année. Car on n'a pas affaire à une relation statistique qui cacherait une cause commune : la hausse du PIB dépend directement et presque entièrement de l'énergie mise dans l'appareil productif.

Mieux encore : lorsque la tertiarisation de l'économie a fait rage, dès les années 90, aucun décrochage n'a été observé entre les deux courbes. Autrement dit, quand les économistes affirment que produire des services consiste juste à organiser des activités qui consommeraient moins d'énergie que la production industrielle, ils se trompent totalement. Que les bureaux des quartiers d'affaires tirent moins sur les générateurs électriques que les usines robotisées, c'est possible. Mais il n'existe pas d'activité de service qui ne repose pas sur de la production industrielle. C'est même quand, et seulement quand, la production industrielle est suffisante que les humains peuvent se consacrer à des activités de services. A-t-on vu un seul pays au monde qui aurait eu l'idée géniale de se lancer dans les activités de recherche, d'expertise, de conception, de conseil, etc. alors que ses actifs n'ont pas encore de moyens de transports ni d'équipements informatiques et de réseaux ? D'autant plus qu'une part importante des services ne servent qu'à gérer le flux physique des marchandises, de leur conception à leur destruction en déchetterie.

D'où le fait, affirmé peut-être un peu vite dans mon premier chapitre, que toutes les innovations sont gourmandes en énergie. Et que jusqu'à présent, aucune ne permet d'économiser de l'énergie. Pour ce qui est des innovations dans le domaine même de la production électrique, Jean-Marc Jancovici vous montrera graphique à l'appui qu'elles ne font que s'ajouter aux consommations d'énergies fossiles existantes, sans jamais s'y substituer.

La simple observation du rôle joué par les énergies fossiles suffit pourtant à confirmer la relation énergie-CO2[18], mais il faut que les économistes imposent encore et toujours l'idée selon laquelle la recherche de productivité est le cœur du système économique. Et comme les innovations sont par définition l'ensemble des moyens par lesquels on peut augmenter l'efficacité des facteurs de production, les économistes ne cessent de réclamer plus de ces innovations organisationnelles qui, telle la division du travail chez Smith, viendraient booster la productivité sans toucher aux émissions de CO2.

---

[18] Je renvoie aux travaux menés par le think tank créé par Jancovici, *The Shift Project*, mais aussi à des physiciens économistes comme Reiner Hümmel, tous ceux qui veulent comprendre comment la physique, et l'énergie en particulier, mène le monde économique et lui impose ses contraintes.

Pourquoi une telle obstination dans l'erreur ? Parce que la productivité est la seule source de croissance qui reste dans un monde où tous les actifs sont déjà au travail ! Aux premiers temps de la croissance économique, le seul fait de mettre plus de gens au travail fut un facteur de croissance (dite extensive) indéniable. Même si dès la révolution industrielle, tous ces gens s'appuyèrent sur l'aide des « esclaves énergétiques » chers à Jancovici. Les économistes ont remarqué, depuis les travaux de Robert Solow initiés en 1956, que la part de la croissance du PIB qui n'est pas expliquée par l'augmentation des facteurs de production (travail humain et machines) est une part résiduelle due au seul progrès technique. Ils en ont déduit qu'avec quelques innovateurs smithiens (ou schumpétériens) bien payés, on pourrait s'assurer une croissance éternelle. C'est faux. Ce n'est possible qu'avec un peu plus d'essence encore dans le système, ou d'autres énergies fossiles destructrices du climat. Mais c'est une fiction nécessaire, dans un monde incapable de penser la décroissance.

Car cette productivité issue des innovations est le seul et dernier facteur assurant l'avenir de la croissance. C'est elle qui permet d'augmenter les revenus, de baisser les prix de nombreux biens, de payer les retraites futures et de créer de nouveaux emplois dans les secteurs créateurs de richesses nouvelles. Sans gains de productivité, tout le système s'effondre.

Or, si l'on cesse de produire de l'énergie fossile, actuellement, on cesse de produire tout court. Ce n'est pas le lieu, dans ce livre, de chercher s'il existe une autre source d'énergie non polluante. Jancovici a fait ses calculs, et l'on peut discuter avec lui de l'option la plus adaptée à nos modes de vie futurs. Si l'on refuse l'idée de se priver de confort énergétique, Jancovici n'a que le nucléaire à nous proposer. Si l'on ne se résout pas à l'idée de laisser après nous un stock croissant de déchets nucléaires que nos descendants devront « tenir au frais après ouverture » avec mille précautions, et ce pendant plusieurs siècles dans un monde devenu de plus en plus instable et où les sources d'énergie se raréfieront, on peut préférer l'option dans laquelle on se débarrasse de la recherche obsessionnelle de la productivité.

Trois bonnes raisons d'en finir avec cette fable

La première bonne raison d'en finir avec la productivité est qu'elle sert d'argument malhonnête pour justifier les inégalités de salaires. Les économistes nous ont fait croire que la productivité individuelle existe et qu'elle explique les revenus reçus par un actif. Or, il est impossible de comparer l'utilité marginale (pour parler comme les économistes) d'une infirmière et celle du Président de la République et d'expliquer pourquoi elles justifient que la première soit moins rémunérée que le second. Idem en comparant la productivité d'un agriculteur et d'un policier, ou d'un artiste célèbre et d'un professeur ordinaire. Chacun ne touche que la part du gâteau que son corps de métier a réussi à imposer à la collectivité. Comme pour la monnaie, le rapport de forces sociales est déterminant. Là où il y a de l'argent, il y a du pouvoir.

La seconde, c'est que si la productivité, puisqu'elle existe tout même tout en étant parfois impossible à mesurer, si la productivité, disais-je, baissait enfin un peu, cela voudrait dire que les machines laissent leur place à des activités moins efficaces, donc moins consommatrices de ressources productives. La mécanisation débridée des activités, couplée à la recherche de réduction maximale des coûts de matières premières incorporées aux produits, a abouti à des gaspillages de matières et d'énergie dramatiques, ainsi qu'à une réduction de la qualité moyenne des produits, deux phénomènes inédits dans l'histoire des savoir-faire humains. Un retour en arrière sur cette mécanisation irréfléchie est la condition première pour économiser nos ressources rares et préserver le climat.

La troisième raison en faveur de la baisse de la productivité est qu'elle nécessitera que l'on se remette au travail. Or, le travail, c'est tout ce que demande le peuple. Imaginer qu'on va créer des emplois par la seule magie d'un innovateur organisationnel qui saura trouver une nouvelle façon de créer des biens ou des services dont la production supplémentaire ne nécessite pas d'énergie est une fable. Aucun nouveau Steve Jobs ou Elon Musk ne relancera la croissance sans détruire le climat.

Les enfants que nous sommes tous restés, ou que nous voudrions rester, aiment les fables, c'est une évidence. Il est temps pour nous de grandir et de dire aux économistes de cesser de nous faire croire au Père Noël. Il n'aura bientôt plus d'essence dans son traîneau et le gros temps se lève, pour lui comme pour nous. À nous de voir comment rendre le monde vivable, même sans lui, en essayant d'être efficaces sans être productifs.

Car souvenez-vous : pour être efficace, il ne suffit pas de faire bien les choses.

Il faut faire les bonnes choses.

Verso 3

Trop (de marché) n'est jamais assez

Les bricoleurs américains connaissent tous ce large scotch tissé, le Duct Tape, argenté ou noir, dont le slogan le plus connu est : "Si vous n'arrivez pas à attacher une chose avec du Duct Tape c'est que vous n'utilisez pas assez de Duct Tape !". *Les défenseurs du marché sont des bricoleurs du dimanche. Ils sont convaincus que si les bénéfices attendus du marché ne surviennent pas, c'est parce qu'il n'y a pas assez de marché.*

Simon Kuznets, lauréat du faux Nobel d'économie et "père" du PIB, est également à l'origine de deux courbes au profil identique qui permettent de défendre l'idée selon laquelle "si le marché ne marche pas, c'est qu'il n'y a pas assez de marché".

En effet, Kuznets avait observé que la hausse du PIB s'accompagnait d'une hausse des inégalités dans un premier temps. Mais dès lors que le pays est suffisamment riche, l'État peut prélever les moyens de redistribuer la richesse excédentaire vers les plus pauvres, comme par effet de ruissellement, ce "trikledown effect" qui n'a jamais été validé empiriquement.

La courbe en cloche de Kuznets, qui monte d'abord et descend ensuite, est vérifiée dans les pays développés sur une partie du XXe siècle. Mais elle est repartie à la hausse comme jamais dans les années 80. Décédé en 1984, Kuznets n'a pas pu observer cette réfutation incontestable de sa fragile loi de réduction à long terme des inégalités dans les sociétés en croissance.

Il n'aura pas vu non plus que certains se sont empressés d'appliquer sa courbe décroissante à long terme aux dégradations environnementales. Comme pour les inégalités, il est exact que la croissance économique s'accompagne dans les premières décennies d'une hausse des pollutions et des dégradations diverses. Mais l'enrichissement dû à la croissance devrait créer les conditions favorables de la recherche et des investissements dans la dépollution et les technologies vertes.

En fait, personne n'a pu vérifier que la fausse courbe des impacts décroissants à long terme de la production, sur l'environnement et sur les inégalités, était autre chose qu'un délire de bricoleurs de la pensée économique !

Chapitre Quatre

L'équation de Kaya

Bien sûr, il y a les lecteurs et les auditeurs de JMJ[22]. Et il y a les adeptes repentis de la secte des économistes. Tous ceux-là ont au moins une bonne raison d'accrocher au titre de cet article. Il va falloir prouver aux autres, venus là par hasard ou par inconscience, qu'ils n'ont pas eu tort de nous rejoindre. De quoi allons-nous parler, alors ? De climat, d'économie et de modèles.

Kaya est le nom d'un économiste japonais qui a conçu en 1993 une sorte de modèle extrêmement simplifié des émissions de CO2. Kaya part des émissions de CO2, que nous noterons CO2. Cette notation ne doit pas faire croire pour autant qu'il s'agit de tout le CO2 présent dans l'atmosphère : nous ne nous intéressons pas au stock de ce gaz, mais uniquement (même si c'est déjà beaucoup trop) au CO2 supplémentaire libéré chaque année par les activités humaines.

Ce CO2 en plus, dit Kaya, est proportionnel à l'énergie "produite" par l'homme. Les spécialistes me pardonneront l'usage simplificateur du verbe produire, l'énergie naturellement présente sur terre étant plutôt consommée, ou libérée, par les humains. On peut donc écrire :

(1) CO2 = CO2/NRJ x NRJ

La division CO2/NRJ permet de savoir quelle quantité de CO2 est émise par une seule unité d'énergie libérée.

---

22 Non il ne s'agit pas d'une manifestation de foi inconditionnelle, quoi qu'en disent certains. JMJ sont les initiales de Jean Marc Jancovici, excellent pédagogue des questions énergétiques et climatiques déjà cité dans les chapitres précédents.

Cette moyenne, multipliée par toute l'énergie libérée, nous donne la quantité de CO2 émise.

Cependant, l'énergie produite dépend directement de la production réalisée par les activités humaines, ce qui peut s'écrire :

(2) $NRJ = NRJ/PIB \times PIB$

En effet, la consommation moyenne d'énergie par unité de richesse produite multipliée par toute la richesse produite donne la consommation totale d'énergie.

Le PIB lui-même dépend du nombre d'habitants sur terre (noté HAB). Ainsi :

(3) $PIB = PIB/HAB \times HAB$

On déduit, de ces trois égalités, un modèle simple d'explication des émissions de CO2 qui dépendent de quatre facteurs, HAB étant le quatrième :

$$CO2 = CO2/NRJ \times NRJ/PIB \times PIB/HAB \times HAB$$

Avant de commenter ce modèle, disons un mot sur sa pertinence. On apprend sur la fiche Wikipédia de l'équation de Kaya que celle-ci ne serait rien d'autre qu'une tautologie, qui se résume à CO2=CO2 et qui, par conséquent, n'expliquerait rien !

Des équations tautologiques, les comptables en font pourtant à longueur de journée. Par exemple, en comptabilité d'entreprise, il faut que les produits (recettes) soient égaux aux charges (dépenses), au solde près. En comptabilité nationale, il faut également que les ressources soient égales aux emplois. Et c'est grâce à cette dernière équation que l'on peut identifier les éléments qui "composent" le PIB.

L'« égalité » de Kaya

Cette incompréhension sur la portée de cette "formule" vient sans doute du fait que l'équation de Kaya n'en est pas une. C'est plutôt une sorte d'égalité. Vous le savez depuis le lycée, pour qu'une égalité devienne une équation, il faut que l'un de ses facteurs soit inconnu et se déduise des autres, ce qui n'est pas le cas ici.

Mais aussi tautologiques soient-elles, les égalités expliquent souvent plus de choses que les équations. Car certaines égalités permettent de décomposer une variable en plusieurs facteurs, comme nous venons de le voir.

Quelques critiques de l'équation de Kaya lui reprochent, justement, de décomposer un phénomène en facteurs qui ne sont pas indépendants les uns des autres. Or, c'est très souvent, pour ne pas dire toujours, le cas dans les modèles. De nombreuses variables d'un même modèle interagissent entre elles et il est bien rare, en climatologie comme en économie, qu'une variable soit assez "pure" pour n'avoir qu'une seule cause et qu'un seul effet. Donc, les critiques de Kaya ont raison, l'évolution du nombre total d'habitants, par exemple, dépend bien du niveau de vie. Mais rien ne nous interdit d'étudier l'évolution de chaque variable prise isolément.

En fait, la question de l'interdépendance entre les variables se pose si souvent en économie qu'une règle formulée en latin a permis aux économistes de faire "comme si" une variable ne dépendait d'aucune autre. C'est la fameuse hypothèse *Ceteris Paribus* que l'on traduit en français par "toutes choses égales par ailleurs". En posant cette hypothèse, on cherche à étudier quelles seraient les conséquences de l'évolution d'une variable si les autres ne bougeaient pas.

Ainsi, même en supposant que la chute radicale du niveau de vie moyen mondial ne réduisait pas le nombre d'habitants (ce qui est très peu probable), cet effondrement économique entraînera "toutes choses égales par ailleurs", ou quoi qu'il arrive par ailleurs, une baisse des émissions de CO2.

Si l'utilisation de Kaya comme modèle de prévision pose donc un problème, en raison des rétroactions et interactions diverses entre nos quatre facteurs, son utilisation comme modèle de compréhension n'est plus à démontrer. Et son inscription aux programmes de sciences et d'économie de l'enseignement secondaire serait salutaire.

Car nos enfants vont devoir cesser de faire comme leurs parents et arrêter de penser que le CO2 excédentaire n'est qu'une sorte d'émanation gazeuse, inodore et sans saveur. Les humains produisent un paquet d'autres "déchets" qui sont moins dangereux pour nos conditions de vie que celui-ci... Les émissions excédentaires de CO2 ne conditionnent rien de moins que nos conditions de vie sur la planète.

La « solution » des énergies décarbonées

Mais que nous dit précisément cette égalité de Kaya, en matière d'émissions de CO2 ? Que celles-ci, nous l'avons vu, dépendent de quatre termes : 1/le contenu en CO2 de l'énergie, 2/l'intensité énergétique de la production, 3/la production moyenne par habitant et 4/le nombre d'habitants.

Même si seul le troisième facteur relève des sciences économiques, nous allons tous les commenter un par un.

Le premier relève de la physique : partout où de l'énergie est libérée, il y a émission de CO2. Et seulement là. Les émissions de CO2 qui viennent d'ailleurs ne comptent pas, car la plupart du temps elles rendent à l'atmosphère ce qu'elles lui ont pris. C'est le cas en particulier des quelque trois milliards de tonnes de CO2 expirés par les humains eux-mêmes. Ils ne font ainsi que rendre à l'atmosphère le carbone contenu dans leur alimentation, elle-même issue de CO2 préexistant. Seul le fait de brûler du carbone stocké dans les ressources fossiles depuis des millions d'années est émetteur de CO2 excédentaire, qui serait sans cela resté sagement stocké sous terre.

Bien sûr, si on regarde l'énergie finale, celle qui est utilisée par nos machines, celle-ci peut avoir été peu émettrice de CO_2. C'est le cas des énergies renouvelables et de l'électricité nucléaire. Mais tant que l'on construira des éoliennes, des panneaux photovoltaïques et des centrales nucléaires avec des outils de production fonctionnant tous directement ou indirectement avec des fossiles, tant que les engins qui déplacent et installent ces centrales "propres" fonctionneront au pétrole et tant que tous les techniciens qui les supervisent et les entretiennent ne s'y rendront pas à vélo, il n'existe pas d'énergie non carbonée ou "décarbonée", si l'on entend par là "dispensée de toute émission de CO_2".

Il n'empêche que si l'on parvenait à remplacer de l'énergie finale fossile par de l'énergie "à base de" renouvelables, on pourrait diminuer ce premier terme et contribuer à la réduction des émissions de CO_2. C'est la première leçon de Kaya, la plus facile à retenir sans doute. Décarboner le système productif est nécessaire, mais cela prendra un peu de temps, même si le grand concours des promesses électorales en ce sens est ouvert dans de nombreux pays du monde. Si nos politiques nous promettent tous de l'énergie décarbonée, c'est parce que c'est la seule promesse pas trop douloureuse qu'ils peuvent faire pour agir sur les émissions de CO_2.

L'impact de nos niveaux de vie

Le troisième terme de l'égalité de Kaya (nous gardons le deuxième pour la fin) est une évidence économique : en moyenne, chaque habitant de la planète contribue à la production de richesse par sa seule existence. Il y a des modes de vie qui alourdissent ce terme plus que d'autres. On sait que les Américains du Nord, par leur niveau de vie, ont un PIB par habitant très supérieur aux autres[23]. Il est responsable d'une telle consommation d'énergie, essentiellement carbonée, qu'on estime les émissions de CO2 aux USA à 15 tonnes en moyenne par habitant (et on ne compte pas les émissions contenues dans leurs importations). La moyenne soutenable pour la planète est de 2t par hab., ce qui donne une idée de la baisse de niveau de vie qui serait nécessaire pour que les États-Uniens "sauvent" le climat. Bush avait affirmé au Sommet de Rio en 1992 que "le mode de vie américain n'[était] pas négociable". Depuis les Américains ont voté Trump qui pensait la même chose. Il y a peu de chances (en fait, aucune) que Joe Biden parvienne à convaincre ses compatriotes d'entrer en décroissance...

Mais notre niveau de vie français explose aussi les compteurs de Kaya : 5t de CO2 en moyenne par habitant, et plutôt 11t avec les émissions importées. Les quelques milliards d'habitants de la planète qui ne font pas partie des classes moyennes ou supérieures sont nombreux à rêver de vivre comme des Étasuniens, et se contenteraient même de vivre comme des Français ou des Espagnols... Ce qui donne peu de chance de voir se réduire, en tout cas volontairement et rapidement, ce terme-là de notre égalité. Tant que tout le monde voudra plus de marchandises pour améliorer son niveau de vie, tout le monde « voudra » polluer.

Le problème démographique

Il en est de même du nombre d'habitants, pour d'autres raisons. Les évolutions démographiques sont lentes, car s'il faut peu de temps pour faire un humain, il faut plusieurs décennies pour s'en "défaire". Les êtres humains mis dans le système sont trop nombreux désormais pour qu'on puisse

---

23 Les amateurs de tautologie apprécieront celle-ci : car le niveau de vie est précisément estimé par le PIB/HAB.

envisager leur disparition avant un délai raisonnable, même si elle arrivera fatalement. D'autant plus qu'un très grand nombre est à l'âge où avoir des enfants est un projet courant et bien légitime.

Comme les inquiétudes de Malthus sur les ressources sont désormais vérifiées mais que cela ne justifie pas forcément les politiques natalistes radicales qui s'inspirent de lui, on peut faire de ce terme une donnée exogène de ce modèle, c'est-à-dire une variable sur laquelle nous n'avons pas de prise à court terme. Toutes les transitions démographiques se terminent automatiquement par une décroissance de la population, mais ça peut être long.

Une remarque d'économiste sur cette variable démographique : c'est moins le nombre d'habitants qui impacte les émissions de CO2 que le nombre de consommateurs ou, pour le dire autrement, le nombre d'habitants qui utilisent des énergies fossiles. Les émissions excédentaires seraient nulles si chaque habitant de la planète se contentait des ressources offertes par son environnement, sans faire appel aux ressources fossiles ou à des matériaux rares. Dis encore autrement, c'est bien le mode de vie industriel qui fait du nombre d'habitant une variable impactant le climat. Dans un monde de productions à énergies humaines et animales, ce facteur d'émissions disparaîtrait. On peut blâmer si on veut le système capitaliste, si on considère que c'est lui qui pousse à la hausse de la productivité par le recours aux énergies polluantes et prédatrices de ressources rares.

Peut-on faire plus de pizza avec moins de farine ?

J'ai gardé pour la fin le terme le plus novateur et le plus discuté de cette égalité. Celui que l'on peut nommer "intensité énergétique de la production" : produire, en effet, nécessite une certaine utilisation d'énergie. Il est intéressant de noter qu'il a fallu attendre 1993 pour qu'un économiste, en l'occurrence Yoichi Kaya, formule cela explicitement.

Car pendant près d'un siècle, les économistes standard ont privé la terre de son statut de facteur de production. Or, toutes les sources d'énergie viennent de la terre.

Marie-Monique Robin a décrit dans "Sacrée croissance" le rôle que les grands propriétaires terriens ont joué pour convaincre les départements d'économie des grandes universités américaines de faire littéralement disparaître des radars ce facteur de production, menacé alors d'être plus imposé que les autres. Ainsi, en glissant tout le capital naturel, et en particulier les "dépenses énergétiques", dans les consommations intermédiaires, au même titre que n'importe quel matériau transformé en cours de production, ils ont fait disparaître l'énergie comme facteur de production, ne conservant que les salariés et les machines.

Mieux encore : les théoriciens de la croissance, menés par Robert Solow dans les années 50, ont identifié un troisième facteur de production qu'ils ont nommé le "progrès technique". Il correspond à l'ensemble des innovations améliorant l'efficacité des facteurs de production. Mais attention : il ne s'agit toujours pas de l'énergie, cantonnée au rang de simple matière première ! Pourtant, si on regarde bien, il n'existe presque pas d'innovation productive qui ne repose sur la consommation d'énergie, à commencer par la très fameuse division du travail chère à Adam Smith. Car la division du travail, par sa logique même de recherche de l'efficacité maximale, aboutit presque toujours à une délégation des tâches simples et répétitives à un parc de machines. Mais cela, les économistes l'ignorent volontairement ou pire, s'en réjouissent puisque la production de biens de production est encore et toujours un moteur de la croissance...

Mais revenons à Kaya : cet économiste pose dans son égalité que produire nécessite de l'énergie. Par ce constat, il relie l'économie à la physique comme peu de gens l'ont fait, ni alors, ni depuis (à l'exception de Nicolas Georgescu-Roegen, le père fondateur de l'écologie économique).

Il est fascinant de voir que cette expression, l'intensité énergétique de la production, est si mal connue par la majorité des économistes. Pire encore : dans leur faible maîtrise des phénomènes physiques, et emportés par leurs théories de la croissance intensive, celle qui est due au progrès technique, ils posent presque tous que les innovations permettront assez rapidement de baisser cette intensité énergétique de la production.

Ils en sont d'autant plus convaincus qu'une sorte de loi implacable s'applique aux coûts de production : tous les coûts qui pourront être réduits le seront ! Et les gains à en attendre sont tels que les économistes standards ne doutent jamais qu'on saura bientôt, comme le dit Serge Latouche avec une belle ironie, "faire plus de pizzas avec moins de farine".

Si l'équation de Kaya comporte une inconnue, c'est bien celle-là : saura-t-on vraiment un jour produire plus avec moins de matière et d'énergie ? Comme les énergéticiens sont rarement économistes, et réciproquement, cette inconnue mérite d'être levée sans tarder.

Car s'il y a une seule réalité physique dont les économistes se sont convaincus, c'est que les gains de productivité existent et qu'ils ne peuvent que croître indéfiniment. Or, l'énergie utilisée par unité de richesse produite est un assez bon indicateur de ce que Smith nommait l'efficacité productive du système. Plus le système est efficace, moins il a besoin de carburant dans ses moteurs.

Sauf que le lien entre l'énergie et la richesse produite (donc entre NRJ et PIB) est réel mais compliqué à comprendre. Pour certains, il ne fait pas de doute que la quantité d'énergie mise dans le système détermine le PIB qui en découle. D'autres pensent que la production est la cause première de l'utilisation d'énergie. Finalement, le plus probable serait que la mesure du PIB ne soit qu'une façon de mesurer *monétairement* la consommation d'énergie. Peu importe, au fond : car quel que soit le lien de causalité, si on divise la consommation d'énergie par le PIB, et qu'on veut diminuer le résultat, il faut soit baisser NRJ soit augmenter le PIB. Cette dernière solution serait une grosse bêtise, à cause du troisième facteur de Kaya. Augmenter le PIB ne peut pas être une solution ! Il faut donc impérativement diminuer l'énergie libérée par unité de richesse produite.

Et c'est là que les apprentis sorciers de l'économie, le dos au mur, condamnés à envisager de couper le moteur de la machine productive, sortent leur arme absolue : les innovations ! Elles devraient être en mesure de nous permettre de générer encore du PIB avec de moins en moins d'énergie ! Débarrassés des miasmes de la production, on pourrait de nouveau envisager une croissance future.

En plus, par une sorte de prophétie autoréalisatrice comme on en voit souvent en économie, le seul fait d'investir dans toutes les technologies vertes se révèle dans la réalité économique être un facteur de croissance, et c'est ce qui confirme leurs croyances : on a bien raison de croire aux innovations, puisque celles-ci tirent encore un peu la faible croissance ! Mais elles le font malheureusement en mobilisant des ressources encore et toujours. Elles le font en mettant en activité des gens qui travaillent d'arrache-pied sur un problème insoluble mais ne font que l'aggraver en cherchant à le solutionner.

Quand on aura enfin admis qu'il faut un minimum incompressible de farine pour faire une pizza, on comprendra alors que la vraie source de réduction des émissions de CO_2 est à chercher ailleurs que dans l'intensité énergétique de la production et dans les innovations qu'on lui consacre désespérément.

Le bilan de Kaya

La baisse du contenu en CO2 de l'énergie est possible mais ne peut pas se produire de façon rapide et spectaculaire. Par conséquent, en attendant la phase de déclin démographique qui nous attend dans un demi-siècle, il va bien falloir réduire le troisième terme de l'équation, à savoir notre niveau de vie moyen. Il est même urgent de le faire.

Cette dernière affirmation sonne comme la résolution de l'équation de Kaya : pour maintenir un équilibre et réduire les émissions de CO2, le seul facteur efficace à court terme est la baisse du PIB moyen par habitant. Ce qui nécessite, si quelques milliards de pauvres veulent entrer dans le monde merveilleux du système productif marchand, que tous les autres voient leur niveau de vie baisser encore plus vite, car ils sont nettement moins nombreux.

Cette affirmation est si déplaisante que de nombreuses personnes préfèrent, comme les Grecs anciens, tuer le porteur de mauvaise nouvelle et démolir l'équation de Kaya. On a vu que les économistes méprisent les conclusions de Kaya, convaincus que leur moteur de croissance magique, le progrès technique, finira par voler à leur rescousse, pour peu qu'on lui en donne les moyens.

Or le progrès technique ne donnera qu'un répit de croissance aux investisseurs prédateurs de ressources, et au climat une chance de moins de rester dans les moyennes de températures avec lesquelles on avait mis plusieurs siècles à vivre en bonne intelligence. Seules les low-tech, celles qui sont pensées pour économiser les ressources, en particulier énergétiques, et qui nous redonneront du pouvoir sur nos existences pourront nous être utiles. A nous, mais pas à la croissance marchande.

Car les choses ne resteront plus jamais "égales par ailleurs", sauf dans les modèles des économistes qui n'auront pas pris la peine de se pencher sur l'équation de Kaya.

De tels économistes auront pour quelque temps encore des tribunes ouvertes dans les journaux d'affaires, mais ils seront les plus mal placés pour comprendre le monde productif de demain. Souhaitons, pour notre bien-être climatique, que « demain » cesse enfin de leur accorder le moindre crédit.

* * * * *

Il reste un économiste majeur dont nous n'avons pas parlé et dont les théories posent autant de problèmes que celles des néoclassiques : c'est John Maynard Keynes. Son modèle, étudié dans toutes les universités d'économie, est devenu l'étendard de nombreux partisans de la croissance verte. Mais comme la croissance n'est jamais verte, et ne le sera jamais, il est temps de se défaire aussi des théories keynésiennes.

Or si vous avez la fibre sociale, si une répartition juste des richesses vous semble nécessaire pour une plus grande efficacité du système productif, vous allez devoir faire votre deuil d'une pensée majeure, mais qui a oublié, elle aussi, qu'on ne fait pas de croissance sans détruire l'environnement d'une manière ou d'une autre.

En revanche, si vous comprenez ce que Keynes lui-même n'avait pas compris, vous serez armé pour construire un monde plus juste pour nos petits-enfants…

Chapitre Cinq
Mauvaises perspectives pour nos petits-enfants

"We are suffering just now from a bad attack of economic pessimism[25] "

Si on met de côté sa très haute estime de lui-même, cette sorte de mépris aristocratique qui le rendit peu sympathique aux yeux d'un certain nombre de ses contemporains, John Maynard Keynes avait tout pour plaire aux étudiants en économie qui allaient pendant des décennies et jusqu'à aujourd'hui se pencher sur ses travaux. Le très regretté Bernard Maris, victime des attentats de Charlie Hebdo, et qui contribua de son côté à faire tomber plus d'une statue d'économiste surcoté[26], voyait en Keynes un économiste citoyen d'une rare clairvoyance sur les enjeux sociaux de la création et de la répartition de la richesse[27]. Cependant, et sans vouloir offenser la mémoire de feu Oncle Bernard, je dois avouer ne plus être aussi admirateur de son maître de Cambridge et je voudrais ici expliquer pourquoi.

C'est peu dire que moi aussi j'ai aimé être keynésien ! Moi aussi j'ai contribué à former des générations de jeunes étudiants épatés, enthousiasmés à l'idée de découvrir enfin une pensée économique qui réconciliait l'efficacité et la justice sociale. Cet économiste-là, c'était une sorte de Robin des Bois mâtiné de Mary Poppins. Un héros de la science économique, rien de moins, une sorte de sauveur de l'humanité. Je dois à ceux de mes lecteurs qui sont nuls en

---

25 Keynes, "Economic Possibilities for our Grandchildren" (1930), in Essays in persuasion, Norton Library, 1963.

26 J'ai découvert Bernard Maris dès 1990, avant même d'enseigner l'économie, lors de la parution de son premier essai intitulé *Des économistes au-dessus de tout soupçon*, publié chez Albin Michel.

27 Il faut lire son essai très court, érudit et passionné, intitulé *Keynes ou l'économiste citoyen* publié en 1999 aux Presses de Sciences Po.

économie, et qui ont bien raison de me lire pour combler cette lacune sans gravité, d'expliquer simplement ce que Keynes a bien pu avancer de si original pour mériter une telle réputation.

Sept ans après le krach financier mémorable de 1929, John Maynard Keynes publia sa « Théorie Générale » dans laquelle il s'attaquait aux problèmes de l'emploi (car le chômage de masse faisait rage à l'époque dans tous les pays industrialisés) mais aussi au problème de l'intérêt et de la monnaie. Si ces deux derniers thèmes vous semblent n'être que de purs problèmes techniques réservés aux comptables et autres praticiens de l'économie, donnez-moi encore quelques paragraphes pour vous convaincre que ce n'est pas le cas et que c'est bien à vos (ou à nos) problèmes les plus essentiels que Keynes voulait offrir une solution.

La grande question, pour Keynes, était donc celle du chômage. Il voulait l'éradiquer de nos sociétés par la création de richesses nouvelles. Pour cela, il pensait que l'État, contrairement à la vision libérale dominante à son époque, devait intervenir dans l'économie pour investir et favoriser la dépense nationale au moment même où la crise donnait à tout le monde le sentiment qu'il ne fallait surtout pas dépenser, mais plutôt épargner en prévision des jours difficiles qui s'annonçaient. Les économistes nomment cela une politique économique contracyclique, qui dépense sans compter quand ni les ménages ni les entreprises n'osent plus le faire.

Avant les plans de relance anti-COVID, un des derniers grands plans de relance keynésien, plutôt efficace, fut celui que Nicolas Sarkozy annonça juste après la grande crise bancaire mondiale, en décembre 2008, et qui consistait à avancer sur l'année 2009 les plans d'investissements publics décidés pour le reste de son mandat. Ce qui devait être dépensé jusqu'en 2012 le fut en grande partie sur la seule année 2009. Ce plan typiquement keynésien contribua à ce que la France soit l'un des pays européens dans lesquels la chute du PIB en 2009 fut la plus faible. « Nous sommes tous keynésiens », affirmait le très libéral Milton Friedman en 1965. C'est vrai en tout cas de tous les dirigeants économiques pragmatiques qui se sont succédé, depuis la fin de la Seconde Guerre mondiale, jusqu'à Emmanuel Macron et son « quoi qu'il en coûte[28] ».

Le côté Robin des Bois de Keynes venait de ce qu'il pensait que la redistribution des revenus des riches vers les pauvres contribuait à relancer l'activité économique, dans la mesure où les pauvres ont une capacité à dépenser leur supplément de revenus plus forte que celle des riches. En effet, comme un ménage aisé a déjà satisfait tous ses besoins, la hausse de ses revenus se traduit en épargne qui souvent ne finit pas en dépenses productives, mais plutôt en placements spéculatifs qui se nourrissent d'eux-mêmes.

En revanche, enrichir un pauvre est toujours une bonne affaire pour la société car celui-ci s'empresse de consommer pour satisfaire ses besoins inassouvis et, ce faisant, enrichit toujours quelqu'un dans l'économie qui, à son tour, s'il n'est pas trop riche, ira dépenser son argent et enrichir quelqu'un qui par la suite enrichira quelqu'un qui..., etc., etc. L'aspect « multiplicateur » des dépenses de consommation, c'est un peu le sac à main de Mary Poppins d'où sortent plus de biens qu'il peut en contenir. Keynes a démontré, et tant d'autres professeurs d'économie après lui, que les dépenses de consommation, qu'elles viennent des consommateurs ou de l'État, avaient un indiscutable effet d'entraînement (qu'il appelait « multiplicateur ») sur la croissance économique.

---

28 Même si à l'heure où j'écris (été 2021) il n'a pas encore présenté la facture aux Français. Quand les élections de 2022 seront passées lui, ou la personne qui lui succédera, devra bien y songer.

Voilà donc pour la partie séduisante, presque romantique, de la théorie keynésienne. Le moment où l'on entre dans le vif du sujet, c'est quand on introduit la dimension monétaire. N'ayez crainte, ça ne sera pas trop douloureux. Juste un peu déceptif, comme on dit aujourd'hui. Mais il n'est pas impossible que de cette déception qui s'annonce puisse surgir une lumière éclairante pour nos problèmes actuels.

Keynes savait bien que les riches ne donneraient pas si facilement une partie de leurs revenus pour dépenser « un pognon de dingue » pour la collectivité, et en particulier pour les pauvres. Il avait donc un plan B : dépenser à crédit, ou emprunter pour financer la dépense publique. A bien y regarder, il n'y avait que des avantages : on avait là une source de financement très facilement mobilisable par l'État, qui a le monopole d'émission de la monnaie. Ensuite, comme les dépenses faites par l'État génèrent de la croissance pendant plusieurs années, il suffirait d'augmenter les impôts des années suivantes pour que l'État récupère ses billes, sans pour autant récupérer tous les fruits de la croissance qui auront enrichi un peu tout le monde, les consommateurs comme les entreprises ayant répondu à la hausse de la demande.

Le seul inconvénient, en apparence, c'est que cette politique monétaire expansionniste trop généreuse fasse augmenter les prix. Et ça, c'est le coup le plus malin de Keynes : car la hausse des prix avantage et pénalise qui, à votre avis ? Voici la réponse : elle avantage ceux qui empruntent (l'État, les entreprises et les ménages qui achètent leur logement ou consomment à crédit) et elle pénalise les prêteurs, à savoir les épargnants qui ne savent pas quoi faire de leur argent en trop ! Plus futé encore que Robin de Locksley, Keynes est le promoteur de l'euthanasie des rentiers, pas par leur mise à mort physique bien sûr, mais simplement par l'inflation qui fait fondre au soleil la valeur du capital des plus riches. Je vous l'avais bien dit : c'était un vrai justicier, cet économiste-là[29].

Alors, comme un grand nombre d'étudiants en économie de mon époque, j'ai farouchement défendu, partout où je passais, la pensée keynésienne apprise sur les bancs de l'université. Je me revois encore dans un repas de famille en train de « donner mon avis, que je voulais le bon » à un beau-frère entrepreneur pour qui les largesses des banques restaient un mystère et qui se fichait bien que l'État soit immortel et que les dépenses publiques aient un effet multiplicateur : l'État empruntait trop, c'était pour lui une évidence. La sagesse venant, je crois aujourd'hui que nous avions tous les deux un peu raison. Certes, je ne suis toujours pas choqué par l'idée que l'État puisse prélever l'équivalent de la moitié de la richesse nationale pour la redistribuer en services publics et en prestations sociales. Mais il y avait un hic dans mon raisonnement, qu'aucun de mes professeurs n'avait encore jamais évoqué.

Il n'y a pas de repas gratuit

Le défaut de la cuirasse keynésienne vient de sa fascination pour les intérêts composés et pour l'accumulation qu'ils permettent. Les intérêts composés, ce sont les intérêts que l'on reçoit chaque année et qui s'ajoutent sans cesse au capital, produisant à leur tour des intérêts et ainsi de suite. Ils sont une source d'enrichissement considérable, dont Keynes lui-même a bien profité pour son compte, car il n'était pas de ces cordonniers dont on dit qu'ils sont les plus mal chaussés :

---

29 Son côté retors allait même jusqu'à penser que l'inflation permettrait aussi de baisser les salaires réels des salariés sans qu'ils s'en aperçoivent, ce qui est beaucoup moins sympa quand on est de gauche. On raconte que certains socialistes keynésiens ne seraient pas contre un retour de l'inflation pour la même raison, et parce que cela dévaluerait la dette.

pour le dire plus clairement, il fit fortune plusieurs fois en spéculant. « Plusieurs fois », signifie qu'il fut capable de tout perdre en jouant ou en dépensant de façon inconsidérée et chaque fois, grâce à de solides relations dans le monde bancaire, il se sortait de ces mauvaises passes[30].

Or, comme nous l'avons vu au chapitre deux, l'intérêt a ceci de particulier que c'est un vol de nos revenus futurs. Accepter de payer des intérêts, c'est décider qu'une partie des revenus qu'on gagnera plus tard seront consacrés à payer nos dépenses présentes et à rémunérer ceux qui nous ont avancé les fonds nécessaires. Consommer maintenant ou plus tard, qu'importe après tout, et le plus tôt est toujours le mieux puisque rien ne nous assure de vivre très vieux. Mais prendre une part de ses revenus futurs pour se permettre cela, c'est prendre un risque. Car si la mort est la seule chose certaine (« avec les impôts », ajoutait Benjamin Franklin), la croissance future de nos revenus ne l'est pas. En fait, on conçoit qu'à l'époque de Keynes, qui n'avait connu ni les Trente Glorieuses, ni l'urbanisation effrénée, ni la mondialisation, la croissance économique future pouvait être tenue pour très probable. Mais désormais, elle ne l'est plus. Et dans un monde sans croissance, l'emprunt implique avec certitude qu'il faudra réduire nos revenus futurs.

Les religions du Livre, dans la sagesse dont elles firent parfois preuve, avaient fort justement interdit le prêt à intérêt. Si les raisons étaient discutables (on considérait que faire payer le prix du temps c'était s'enrichir sur le temps, donc sur la création divine) les effets étaient plutôt positifs : personne ne produisait alors plus qu'il ne pouvait

---

30 Extrait d'une lettre de Keynes à sa mère : « Pour échapper à l'ennui de la vie à la campagne, je cherche une diversion dans la spéculation sur les monnaies étrangères, ce qui va choquer Père mais, je l'espère, me rapportera gros », in Charles H. Hession, *John Maynard Keynes*, Ed. Payot, 1984.

rembourser, et par conséquent personne ne volait son prochain en lui faisant croire que demain tomberait du ciel les moyens de rembourser ce qu'on avait très envie de consommer tout de suite. Ce n'est qu'à partir de l'exploitation d'une source d'énergie artificielle d'une puissance étonnante, le pétrole, que nos sociétés se forgèrent la conviction (celle de Keynes et de tous les économistes du XIXe, du XXe comme des plus irresponsables du XXIe siècle) que les intérêts seraient un jour remboursés sans problèmes particuliers, sauf crise passagère.

Charlie Hebdo, fidèle à l'esprit keynésien de Bernard Maris, continue pourtant de défendre l'idée selon laquelle « La dette publique, c'est fantastique[31] ». Dans cet article, les auteurs montrent d'abord, à juste titre, que si la dette privée de quelqu'un qui veut emprunter pour financer son logement est limitée, celle de l'État ne l'est pas car le risque que l'État « meure » est presque nul, contrairement à celui de l'emprunteur privé. Ils avancent aussi que l'État a bien raison d'obliger les gestionnaires d'assurance-vie à placer leurs fonds en dette publique, c'est-à-dire de prêter à la puissance publique l'argent des épargnants. Car l'État trouve là une source de financement considérable et sûre, dans la mesure où la population aussi, prise ensemble, ne peut pas mourir. Et les épargnants que l'on rembourse le sont avec l'argent de leurs propres impôts, donc de l'argent qu'on leur rend pour les remercier de participer au financement des investissements publics ! Le tour de passe-passe est génial et tout le monde y trouve son compte.

Ou plutôt, y trouverait son compte si un grain de sable ne venait pas gripper cette jolie machine. Ce grain de sable, c'est, à nouveau, la capacité du système économique à

31 Titre d'une BD publiée dans l'édition n°1394 du mercredi 10 avril 2019, sous les plumes de Juin et Littauer.

produire plus de revenus chaque année. Cela fait deux ou trois dizaines d'années que l'État emprunte dans un monde où l'on ne parvient plus à augmenter la richesse à la vitesse où nos taux d'intérêt débiteurs s'accumulent.

On en est arrivé au point (et c'est là un détail que les auteurs de *Charlie* omettent volontairement) où l'État ne rembourse plus sa dette aux créanciers, qu'ils soient français ou pas. Il ne fait que leur verser des intérêts. Quand les bons du Trésor arrivent à échéance, c'est-à-dire quand sonne l'heure de ne plus verser seulement les intérêts mais aussi de rendre le principal de la dette, l'État réemprunte immédiatement la même somme et repart pour 10 ans de versement d'intérêts. C'est pire dans d'autres pays, comme la Grèce, qui en vinrent à emprunter pour payer les intérêts de leur dette et payaient donc des intérêts sur leurs intérêts. A l'heure qu'il est, dans la mesure où la chance est très faible de voir la richesse (donc le PIB) augmenter beaucoup plus vite que les taux d'intérêt, et crise du COVID aidant, la dette n'est pas près de diminuer. Surtout que l'État s'est engagé, à l'époque où la croissance était spectaculaire, à verser des prestations, elles aussi croissantes, aux assurés sociaux (notamment aux retraités).

Et ça n'est pas une paille, ce versement à perpétuité des intérêts : la BD publiée dans Charlie rappelait qu'il s'agissait en 2019 de 15 % du budget de l'État. Ainsi, par des *politiques keynésiennes qui ont fait un pari perdant sur l'avenir*, nous avons privé les générations futures de 15 % de leurs ressources fiscales, qui leur seraient bien utiles, par exemple pour financer la transition énergétique. Ce qui ne posc pas plus de problèmes que ça aux keynésiens qui pensent que l'on a encore de la marge avant que la dette soit insoutenable, et que 20 milliards d'euros sur 10 ans, ça s'emprunte sans sourciller.

Surtout qu'il existe un *collatéral*, comme on dit en économie, à savoir une *garantie sur laquelle faire reposer la dette*. Et c'est l'argument massue de nos deux auteurs de *Charlie Hebdo* : l'État est riche de son patrimoine puisqu'il est propriétaire des services publics d'une valeur de 3000 milliards €, soit 1,4 fois le PIB annuel de la France. Mais cette richesse-là est tout à fait virtuelle, car nous ne pouvons pas nous en servir pour rembourser notre dette keynésienne. Ou alors il faudrait vendre ces services publics à quelqu'un qui serait intéressé par un placement qui lui garantit une rente à vie.

Et bien justement, ils existent, ces investisseurs prêts à nous racheter notre patrimoine. Ce sont des fonds de placement privés internationaux qui louchent depuis longtemps déjà sur les services publics des pays riches (mais aussi sur leurs sites touristiques remarquables, sur leurs aéroports et sur leurs terres arables). Ceux des pays pauvres sont un peu moins attractifs, compte tenu de ce que nous disions sur les chances de survie des États, qui sont bien supérieures au Nord qu'au Sud de la planète. Par conséquent, si on se console en se disant que notre dette n'a pas encore atteint la valeur de notre patrimoine, il faut alors se tenir prêt à vendre un jour ce patrimoine à ceux qui seront prêts à nous l'acheter, car un patrimoine n'a de valeur qu'au moment où on le vend[32]. Pas sûr que les lecteurs de *Charlie* soient favorables aux projets de privatisations des aéroports, des autoroutes et des monopoles publics de l'électricité qui fleurissent actuellement dans le monde…

Une fois que l'on a compris que les politiques keynésiennes, croyant nous sauver, ont en réalité hypothéqué sauvagement notre avenir, qu'en déduire pour la suite ? La réponse à cette question est fort bien formulée par Paul Jorion, qui ne pense pas que la dette soit si fantastique que cela :

---

32 C'est vrai en particulier pour une maison ou un appartement dont la valeur est parfaitement virtuelle tant qu'ils ne sont pas vendus.

« Ce système où l'on verse des intérêts est fondé sur une logique exponentielle insoutenable et doit nécessairement, pour se perpétuer, faire faillite de temps à autre. Que se passe-t-il si l'on ne remet pas les compteurs à zéro quand la nécessité s'impose ? C'est très simple : on réinvente alors l'esclavage pour dettes. C'est là, en effet, l'origine du servage de notre Moyen Age[33] ».

Pas sûr, là non plus, que les héritiers spirituels de Bernard Maris qui voient dans Keynes le penseur de la liberté citoyenne, approuvent que se perpétue *un système qui mette l'humanité sous la dépendance de ses créanciers.* Car j'allais oublier un dernier chiffre : la dette mondiale, publique et privée réunies, était estimée en 2014 à 200.000 milliards $, pour un PIB mondial annuel d'environ 70.000 milliards $! Si les États, les entreprises et la population mondiale se privaient de *la moitié* de leurs revenus chaque année, il faudrait presque 6 ans pour rembourser cette dette. Comme un tel sacrifice est impossible, le scénario du travail forcé et des impôts versés à perpétuité pour enrichir les créanciers *ad vitam æternam* est le plus probable. Et il n'a pas un succès fou en ce moment dans nos démocraties, à en croire les mouvements sociaux et la montée des populismes quand on parle d'augmenter les impôts ou l'inflation...

Voilà quelle est la partie la plus désagréable de l'héritage keynésien. Mais comme pour tous les héritages, il serait dommage de se priver de la partie la plus attachante du legs au motif que l'autre partie est lourde à assumer. Ce que Keynes nous laisse en héritage, c'est d'abord la fin du fétichisme de la monnaie. La monnaie, grâce à lui, est redevenue un simple outil, utilisable à volonté pour être mis au service des mécanismes économiques. Et un outil efficace, pas un simple « voile neutre » posé sur les

---

33 Paul Jorion *Le dernier qui s'en va éteint la lumière*, Ed. Fayard, 2016, p.76-77.

échanges, comme le voulaient les théoriciens des modèles néoclassiques.

La monnaie, bien pensée, bien mobilisée, est au cœur des échanges. Et elle ne porte pas la dette comme un boulet, comme une punition divine contre les mauvais débiteurs. Il existe des taux d'intérêt nuls, voire négatifs, et ils sont parfois bien utiles à mobiliser. Ces leçons keynésiennes ont été retenues et mises en pratiques par tous les dirigeants des grandes banques centrales actuelles. Car, oui, nous sommes tous keynésiens. Prêts à jouer avec les mécanismes monétaires pour les mettre au service… au service de quoi, à propos ? Et si on les mettait au service d'une économie non marchande ? L'idée, loin d'être absurde, mérite d'être étudiée. Keynes aurait salué son audace.

Nous sommes nombreux à avoir aimé être keynésien. Comme nous avons aimé être adolescent. Mais nous ne le sommes plus, ni l'un ni l'autre. Désormais, il faut admettre qu'une autre ère commence. Ou commencera, plus exactement, le jour où l'on annulera une partie importante de nos dettes. En sachant que rien ne nous empêchera alors de relancer les activités non marchandes par une nouvelle série d'emprunts. Mais auprès de créanciers qui ne réclameront pas d'intérêt (c'est déjà le cas de la plupart des banques centrales) et à condition que chaque euro emprunté soit véritablement utile à l'humanité et prépare sa survie. Finis les rêves bétonneurs de Keynes qui voulait relancer l'activité en rasant tout le sud de Londres (ce qui a été fait plusieurs fois depuis, et continue de l'être encore, à Londres comme à Paris et ailleurs). Créer de la richesse en détruisant des ressources n'est plus d'actualité. Ce n'est certes pas exactement ce que Keynes préconisait, mais c'est ce que les politiques keynésiennes ont réalisé et que nous payons un prix trop élevé, y compris en qualité et en espérance de vie des générations futures.

Gageons que le grand Keynes, esthète amoureux des belles choses, qui a dévoré sa vie plus vite que d'autres et a mis peu de limites à sa propre existence, aurait quand même approuvé cette contrainte retrouvée, porteuse d'avenir. Un autre avenir que celui imaginé par Keynes. L'avenir oisif dont il rêvait ne se réalisera pas. Il pensait que l'on parviendrait à se débarrasser du problème économique. Il l'avait écrit dans ses « Perspectives économiques pour nos petits-enfants », cité en exergue de ce chapitre. Il n'avait fait que prolonger la logique des intérêts composés jusqu'en 2030 et avait calculé qu'à cette date la richesse serait suffisante pour permettre à tout le monde de se mettre au repos. « Que fera le vieil Adam qui sommeille en nous, disait-il, s'il n'a plus rien à faire », écrivait-il ? Plein de choses, contrairement à ce que craignait Keynes. Car Adam est loin de pouvoir se reposer : un grand chantier l'attend.

Quel chantier ? Rien moins que celui qui consiste à assurer notre avenir et à préparer les conditions de vie les plus agréables possible à nos descendants. Devenons des Robins de Bois matures, qui veulent toujours prendre aux riches pour donner aux pauvres, mais pas n'importe comment, en arrêtant de s'imaginer que réduire la pauvreté consiste à créer plus de monnaie pour prélever plus de ressources rares. Faisons ce que nos pères, trop keynésiens et trop libéraux aussi, n'ont pas su faire : faire advenir un monde où le souci du long terme se prépare aujourd'hui. Car il n'est pas encore écrit qu'"à long terme nous serons tous morts", comme le disait Keynes. A long terme, il restera encore nos enfants, leurs enfants et les enfants de leurs enfants qui nous demanderont des comptes. Et nous demanderont comment nous avions pu faire pour penser que tout est transformable en marchandises.

* * * * *

Maintenant, vous savez.

Si j'ai bien fait mon travail de pédagogue, et vous votre travail de lecteur attentif, vous avez compris qu'il ne sera plus question de croissance d'ici la fin d'une période qui sera moins longue qu'une simple vie humaine.

Si j'ai été suffisamment clair, vous savez que nous devrions arrêter la croissance immédiatement, pour des raisons d'« économie » (au sens de préservation) des ressources rares, du climat, de la biodiversité et des conditions d'existence de tout ce qui vit sur Terre. Et si vous êtes capables de conduire un raisonnement jusque dans ses conséquences les plus désagréables, vous avez compris que même si l'on prolonge la croissance encore assez longtemps elle cessera d'elle-même, entrainant une partie significative des espèces vivantes avec elle.

Il faut donc nous préparer à vivre sans croissance marchande. La bonne nouvelle, c'est que le marché, la concurrence et la productivité ne sont pas nécessaires pour vivre. C'est ce que je vais tenter de vous expliquer dans une seconde partie.

Nous allons maintenant mettre un pied dans le monde non marchand qui nous tend les bras. Il est temps pour nous de commencer à dire adieu au monde marchand.

Verso 4

Poser en 90 s. le problème de l'énergie ?

1/ Rappeler que les fossiles qu'on brûle sont responsables du réchauffement climatique et de l'atteinte à la biodiversité (si cette base n'est pas posée, laisser tomber, ça va être trop long).

2/ Rappeler que l'énergie finale, celle qu'on utilise, est constituée de seulement 20 % d'électricité (25% en France). Tout le reste est constituée d'énergies fossiles (à quelques moulins à vent près). Il s'agit surtout de dérivés pétroliers que l'on brûle dans nos moteurs à essence.

3/ Dire que, en France, les renouvelables représentent 23% de la production électrique.

4/ DONC, pour sauver la planète en allant vers le <u>tout renouvelables</u>, il faudrait commencer en France par multiplier deux fois par quatre notre production d'éoliennes et de solaire. Une première fois pour que toute l'électricité devienne « verte » et une deuxième fois pour que toute l'énergie finale le devienne aussi... Multiplié par 16, donc +1500% d'ici 30 ans. Pour info, depuis 5 ans, on a fait environ +25 %...

5/ Sans compter qu'il faudra transformer tous les moteurs thermiques en moteurs électriques. Tous, et pas seulement nos 35 millions de voitures françaises... Même les métaux conducteurs ne seront plus en quantité suffisante !

6/ Ça n'est pas un chantier difficile, c'est juste infaisable.

7/ Attention : ça ne veut pas dire que les renouvelables ne sont pas la bonne direction à prendre ! Les sources d'énergie non émettrices de CO_2 sont toujours préférables.

Mais il ne faut pas jouer les rassuristes en disant aux gens que l'on va continuer à produire et consommer autant qu'aujourd'hui, grâce à une électricité « propre », sans détruire les conditions de vie sur la planète.

SECONDE PARTIE
Peut-on vivre sans le marché ?

Chapitre Six

Sortir de l'infantilisation marchande

Dans un spot publicitaire pour le service Mc Drive de McDonald's, sorti en 2017 et que l'on peut toujours revoir sur Internet, on découvre un père de famille conduisant son véhicule sous la pluie battante, avançant lentement dans l'obscurité d'un soir d'hiver. Le commentaire rythme d'un ton grave et sentencieux toutes ses actions en les soulignant de vérités inattaquables sur l'importance du rôle paternel. Le spot est assez court pour qu'on le cite intégralement :

« Être père, c'est dur. C'est courir comme un acharné. C'est prendre des décisions cruciales, au bon moment. Être un père, c'est dire « stop » quand ça suffit, c'est mouiller sa chemise si nécessaire. Aller de l'avant, malgré les obstacles. C'est courir, encore et encore, et savoir se faire obéir quand il le faut. Oh oui, être un bon père, c'est aussi difficile que ça. Sans oublier le sens du partage. »

Tout l'humour de cette publicité repose sur le décalage entre les difficultés explicites décrites en voix off et la facilité avec laquelle le père en question va commander un repas à emporter pour sa petite famille qui l'attend tranquillement à la maison. C'est drôle et efficace, à la première vision, car en termes de décisions cruciales il n'a eu qu'à choisir un menu pour chacun, à dire « stop » au vendeur qui proposait un dessert ou un café supplémentaire, et à se faire obéir de son véhicule en arrivant chez lui par un simple clic sur le bouton d'ouverture centralisée des portières.

Ce qui est moins drôle, quand on y pense, c'est que selon McDonald's, être un bon père consiste juste à savoir passer au Mc Drive pour prendre à manger pour quatre personnes. Un rôle simple comme un jeu d'enfant. Conclusion : aller chez McDonald's, c'est savoir rester enfant.

Il n'y a certes pas de quoi s'étonner qu'une marque phare du système marchand affiche son projet de transformer tous ses clients en enfants-rois dont il faut satisfaire immédiatement les moindres désirs, facilement et efficacement. Les géniaux créateurs de Pixar avaient anticipé en 2008 dans le film *« Wall-e »* un monde futuriste dans lequel les humains ont déserté la terre saturée de déchets industriels pour se réfugier dans une station spatiale. Totalement pris en charge par la technologie, ils ne quittent plus leur fauteuil automatisé programmé pour répondre à tous leurs besoins. Ce troupeau de montons consuméristes était représenté par des enfants obèses et idiots, persuadés que les pizzas poussent sur les arbres et ignorant tout des efforts nécessaires pour produire de quoi satisfaire leurs besoins élémentaires.

Bien sûr, le système productif nous infantilise, c'est une évidence. Et l'avoir dit de façon si explicite n'a pas assuré à Pixar son plus grand succès populaire : trois millions d'entrées « seulement » en France pour *Wall-e*, contre trois fois plus pour *Nemo* sorti cinq ans plus tôt. L'histoire de Nemo est justement celle d'un père qui ne sait pas comment jouer son rôle. Marin, le père poisson-clown (tiens, encore un clown[34]!) passe le film entier à rechercher son fils. Or les petits enfants pensent que Marin est Nemo, son fils qui lui ressemble comme peuvent se ressembler deux poissons-clowns, à une nageoire près. Être « nemo », en latin, c'est être « personne ». Et si Nemo devient le véritable héros du film, Marin, son père, ne l'est jamais. Dans ce dessin animé la paternité a tout simplement été escamotée. Le père a disparu. Dans le monde marchand, les pères et les mères n'ont pas leur place. Ils sont transparents.

---

34 Les clowns ont cessé d'être les amis des enfants sages depuis Stephen King dans la saga « Ça », et encore plus depuis le succès inquiétant de *Joker*, de Todd Phillips, avec Joaquin Phoenix.

« *Ok, boomer* », disent désormais certains jeunes branchés sur les réseaux sociaux pour sortir de scène les vieux ringards. Mais beaucoup de commentateurs de cette nouvelle expression passent à côté de la cause profonde d'une telle évolution, qui a peu à voir avec le vieillissement de la population ou une quelconque fracture générationnelle. Cette mise à l'écart progressive des parents vient avant tout du fait que nous tous, jeunes et vieux, considérons comme évident de demander à chacun d'être quelqu'un d'unique et d'extraordinaire.

Or, ce projet qui est devenu une quasi-obligation sociale, de devenir soi-même en se réalisant individuellement de façon singulière, nécessite de se débarrasser des traces que nos parents laissent en nous. Ce n'est qu'en effaçant toute forme d'héritage que l'enfant peut vraiment être unique. Et l'une des solutions les plus simples pour rester enfant est de ne jamais hériter, donc de se faire tout seul comme le répètent à longueur de films les deux champions du divertissement familial pour société capitaliste que sont Spielberg et Disney. Il fut une époque où Disney faisait juste semblant d'ignorer qu'on ne peut rester enfant toute son existence que d'une seule façon : en mourant avant de grandir. C'est ce qui arrivait à Peter Pan, condamné à ne pas grandir s'il voulait rester le chef des enfants perdus. Désormais, les géants du commerce rêvent d'un monde peuplé d'enfants. Rester toute sa vie un grand enfant fait partie du rêve américain, donc occidental. Cela sous-entend peut-être de rester pur et innocent mais surtout cela implique d'aimer les parcs d'attractions et les hamburgers toute sa vie durant.

Pour les adultes qui auraient grandi trop vite, une façon différente de ne pas vieillir serait de ne pas avoir d'enfant du tout, puisque c'est à partir du moment où l'on en a un que l'on cesse forcément de l'être soi-même, comme si l'on passait du côté obscur de la Force. L'individualisme contemporain, couplé à la recherche de l'émancipation individuelle et au désir de réussite sociale peut expliquer l'écart de natalité entre les sociétés traditionnelles et les sociétés postmodernes. Même s'il n'est pas si sûr que l'émancipation féminine pousse irrémédiablement à ne plus faire d'enfants. Certes, certaines féministes extrémistes racontent que la meilleure façon pour une femme de mener une carrière en s'imposant comme un homme serait de se débarrasser de l'obligation de maternité et des tâches aliénantes qu'elle entraîne. Mais cela est largement démenti par les réussites d'un grand nombre de femmes célèbres, de George Sand à Christine Lagarde, en passant par Marguerite Duras et même Simone de Beauvoir, mère adoptive d'une fille qui porte son nom.

De toute façon, avoir un enfant ne vous oblige pas à grandir, ça force juste un peu. Et beaucoup de personnes sans enfant savent être des adultes responsables, de ceux qui se comportent en « bon père de famille[36] » même s'ils n'ont pas d'enfants. Exit donc, la crainte d'une société de grands gamins qui ne voudraient plus enfanter. Quoi qu'il en soit, les enfants, qui sont effectivement de moins en moins nombreux[37], sont survalorisés. Aux dépens de leurs parents.

Cet escamotage contemporain de la parentalité, paternité et maternité confondus, est donc bien un fait sociologique majeur, qui est la conséquence de l'obligation pour chacun de faire croire qu'il est son propre chef d'œuvre, une création unique et irremplaçable, produite par personne, née de rien ou juste de soi-même. C'est bien sûr mentir de croire

---

36 L'expression date du Code civil de Napoléon et a désigné très longtemps les adultes droits et responsables. Depuis 2014, on parle d'individus qui se comportent « raisonnablement », ce qui est discutable car on peut avoir de "bonnes raisons" de rester immature.

37 Voir *Bilan démographique 2020* de l'INSEE. Le nombre de naissances est en baisse depuis 2015 en France, même si notre pays reste « le pays le plus fécond de l'Union Européenne ».

que l'on se fait tout seul, socialement. Aucun sociologue sérieux ne peut valider une telle affirmation. Du coup, le cinéma populaire, dont les intuitions sociologiques sont loin d'être incohérentes, présente des super héros presque toujours sans parents qui leur ressemblent mais qui se demandent sans cesse, à l'instar de Spider-Man dans la version de Sam Raimi : *« Qui suis-je ? »*

Malgré ce que veut faire croire la pub McDo, être père est plus valorisant qu'on le dit, parce que si ça ne nécessite pas de super pouvoir particulier, cela fait de chaque père cet adulte responsable auquel l'enfant prête un pouvoir admirable, qui ne vient ni d'une planète extra-terrestre, ni de sa carte bancaire, ni de la seule satisfaction de ses désirs de gosses. Notez que cette remarque sur le pouvoir « très normal » des pères vaut au moins autant pour les mères, ce que la marque américaine semble négliger, pressée de présenter les deux parents comme incapables de faire à manger autrement qu'en payant un repas précuit à leur famille. La marque de fast-food semble considérer la jeune mère comme la troisième enfant de la famille, qui attend docilement le retour de « son guerrier nourrisseur ». Dans une vision classiquement conservatrice de la famille la femme serait aux fourneaux. Ce qui ne ferait pas les affaires de McDo, pour peu qu'elle soit bonne cuisinière. Rien à craindre ici, puisque dans la vision ultramoderne du géant des hamburgers, la femme n'est qu'un gosse comme les autres….

McDonald's a simplement besoin que tous les adultes, qu'ils soient ou non parents, se comportent comme des gosses et aillent manger de la nourriture industrielle autant que ça leur chante. Sinon, ils risqueraient d'y amener leurs enfants de moins en moins souvent… Quant aux parents qui mouillent vraiment leur chemise en préparant un vrai repas (qui, contrairement aux individus postmodernes, « ne se fera pas tout seul » comme disait ma grand-mère), ceux qui disent « stop » à leurs enfants lorsqu'ils risquent de dépasser des limites qui les protègent d'un danger, y compris quand ils boivent trop de sodas sucrés ; les pères et les mères qui courent pour accompagner leurs enfants vers des lieux et des activités épanouissantes tout en trouvant le temps de partager avec eux ces moments simples de la vie quotidienne, ces parents-là trouvent parfois qu'être un père ou une mère c'est autrement plus difficile que d'aller chercher à manger au Mc Drive du coin.

Et ils ont bien raison.

Chapitre Sept

Est-ce l'argent qui nous manque le plus ?

Sans nous rendre tous misérables, l'organisation économique, sociale et politique qui est la nôtre transforme l'immense majorité d'entre nous en « pauvres », à savoir en individus qui ne mènent pas l'existence qui leur convient, et qui sont convaincus que cela ira sans cesse en s'aggravant pour eux et pour leurs enfants. Ces « pauvres » étant, comme tous les pauvres, très utiles pour de multiples raisons, leur nombre n'est pas près de se réduire. La question est désormais, pour ces « pauvres nouveaux », de comprendre ce qui leur manque vraiment. De quoi avons-nous faim, finalement ? De quoi se nourrit notre colère ? On peut penser que les classes moyennes[41] manquent de savoir-faire, de pouvoir, de temps et de reconnaissance.

Les savoir-faire ont été confisqués par le marché qui se charge de nous fournir l'intégralité des *biens et des services permettant de satisfaire nos besoins* : c'est la définition même, en économie, de la *consommation marchande.* Il ne faut pas remonter très loin dans le temps pour retrouver des savoir-faire que les gens possédaient encore et qui répondaient à un grand nombre de leurs besoins. Sans même remonter à mes grands-parents, il fut un temps où l'on savait fabriquer par soi-même un grand nombre de biens ou de services d'une grande utilité.

Ce temps est révolu : il a commencé à disparaître le jour où la petite paysannerie vivrière a été condamnée par la puissance de frappe de l'agro-industrie et où les gens ont

---

41 Au sens le plus large, les classes moyennes regroupent tout le monde, exceptés : une élite qui se résume à moins de 5 % de la population et la part de la population exclue du mode de vie dominant, qu'on peut chiffrer à moins de 10 %. Ce qui unifie les classes moyennes est désormais la menace qui plane sur leurs enfants de ne pas parvenir à vivre aussi bien que leurs parents.

cessé de se faire eux-mêmes à manger, en particulier des aliments à base de protéines animales (volailles, lapins, petit gibier, et surtout le cochon dont on savait que tout en lui était bon…). Cette période s'est clos définitivement le jour où nos enfants ont trouvé dans leur smartphone et dans les parcs d'attractions toute la distraction préprogrammée qui passait, avant les années 80, par l'obligation constante de faire preuve d'imagination pour transformer ce que l'on avait sous la main en objets de distraction et de loisirs. Comme les livres étaient souvent les outils les plus évidents pour rêver et s'évader, le savoir-faire consistant à savoir-lire était plutôt mieux partagé que de nos jours, où *savoir-déchiffrer* (c'est-à-dire essentiellement *savoir-voir-une-image*) suffit largement pour se distraire. La conséquence la plus importante de cette confiscation des savoir-faire par le marché est la suivante : sans argent, vous ne pouvez et ne savez plus rien faire !

Mais le manque de pouvoir est moins dû au manque d'argent qu'à cet effacement des savoir-faire. Le paysan-artisan qui modifiait son lieu de vie en y puisant ou en produisant les ressources nécessaires à la satisfaction de ses besoins avait un pouvoir sur son existence qui pouvait en partie lui permettre de se passer d'argent ou de l'aide de la puissance publique. Désormais, si je ne sais rien faire, l'impuissance liée au déclin des savoir-faire me rend plus affamé de pouvoir pour acquérir les moyens de transformer mon existence dans un sens qui me convient. Chacun comprend de plus en plus que ce monde qu'« on » nous a organisé n'est pas fait pour nous permettre de vivre sereinement, en accord avec nos envies et nos besoins : alors chacun rêve qu'on lui donne (à moins qu'il ne les prenne) les moyens de changer tout ça.

En démocratie, le simple citoyen dispose de deux pouvoirs constitutionnels : celui de voter et celui de protester. On voit bien en ce moment que ces formes de pouvoir politique ne suffisent pas aux individus pour modifier profondément leur existence dans le sens qui les satisfait le plus. Alors chacun réclame plus de pouvoir encore. Mais sous quelle forme ? Comme les gens sont bien informés, ils savent que les postes de décideurs sont plutôt mieux rémunérés que les autres, et qu'ils pourraient, en les accaparant, faire d'une pierre deux coups : ils pourraient tirer (d'une place de député, par exemple) du pouvoir ET AUSSI de l'argent qui leur procurera des substituts aux savoir-faire disparus. Sauf qu'il ne peut y avoir de places suffisantes dans cette forme traditionnelle du pouvoir pour tous ceux qui voudraient en profiter... C'est donc ailleurs qu'il faudra rechercher et trouver le pouvoir qui nous manque.

Le manque de temps est lui-même la cause des deux manques précédents. Car si l'on avait beaucoup plus de temps, on pourrait soit faire, soit apprendre à faire ce qui nous est utile ou agréable. Pour ceux qui ne rêvent pas de vivre dans un monde où chacun produit sa propre nourriture, c'est bien du temps qui manque de toute façon à ceux qui veulent pratiquer une activité quelconque : faire du sport, des jeux de société, de la musique, entretenir des relations intenses avec les gens que l'on aime, aider ses proches, ces activités qui nécessitent du temps sont innombrables. Or, parce que notre société marchande nous a convaincus que tous nos besoins ne peuvent être satisfaits que par l'économie productive marchande, nous passons un temps fou à travailler pour gagner de quoi nous procurer ce que nous ne pouvons faire nous-mêmes par… manque de temps ! Il y a, dans cette organisation de nos vies, une véritable folie, quelque chose d'insensé, qui n'a littéralement pas sens, puisque l'on tourne, tels des hamsters dans la roue de notre cage[42]. D'où, bien sûr, la demande de pouvoir que chacun formule pour parvenir à être au moins « le maître » de son temps, à défaut d'être celui des horloges...

Enfin, depuis les travaux de nombreux philosophes et sociologues, dont l'allemand Axel Honneth, on sait que la première demande sociale dans les sociétés hypermodernes est celle liée au manque de reconnaissance. Les gens ne supportent plus de vivre dans une société qui ne leur offre pas de bonnes raisons d'exister, à commencer par une identité sociale dont ils seraient fiers. Or, là aussi, si la seule exigence socialement imposée est celle de faire de l'argent, on en vient à créer des individus dont le travail lui-même n'a pas d'autre sens que de gagner de l'argent. La réussite, pour de nombreux Français, est ailleurs, et l'argent n'est qu'un moyen d'y parvenir, parmi d'autres. Le travail, depuis longtemps, doit d'abord être porteur de sens pour ceux qui le réalisent, et c'est de moins en moins le cas. David Graeber a montré que même les emplois très bien payés non porteurs de sens ne sont que des "bullshit jobs"[43]. Quand on demande aux actifs ce qui leur manque le plus, ils répondent en majorité : "du temps pour bien faire mon travail". Sous-entendu : "la possibilité d'être fier de ce que je réalise". Une fois de plus, le temps est essentiel, ici pour donner à chacun les moyens d'être reconnu dans ce qu'il fait (au lieu d'être sanctionné de ne pas savoir faire ce qu'on lui demande avec une efficacité suffisante).

---

42 L'image est de Juliet Schor, économiste américaine, citée par Dominique Méda dans *Qu'est-ce que la richesse ?* Champs Essais. 2000.

43 *Bullshit Jobs* a été publié peu avant le décès prématuré de David Graeber, aux Éditions Les Liens qui Libèrent. Il analyse l'émergence de ces emplois parfois très rémunérateurs mais dans lesquels les gens souffrent d'un sentiment profond de vacuité et d'inutilité.

Pour que la boucle soit bouclée, la maîtrise des savoir-faire pourrait bien être la source de fierté qui manque sérieusement à nos contemporains. S'ils retrouvaient le temps et le pouvoir d'y consacrer leur temps, en maîtrisant de nouveau leur existence par la maîtrise de savoir-faire anciens ou nouveaux, les gens retrouveraient de bonnes raisons d'être fiers de ce qu'ils font. C'est tout le sens du terme *empowerment* utilisé par la sociologie anglo-saxonne des minorités et dont le succès réel dépasse les courants qui le porte. Car le marché omnipotent et envahissant a privé de reconnaissance tous ceux qui n'ont pas fait fortune. Désormais, la sphère marchande fait tout « à notre place » et ce confort apparent, qui est un rêve de gosse immature. Elle signe notre aliénation totale au système, c'est-à-dire que nous devenons de pauvres consommateurs débiles dépendant dans tous nos actes de l'aide (jamais gratuite) du marché. L'*empowerment* n'a d'équivalent en français que depuis peu de temps, avec « empouvoirment » (qui est une notion moche mais précise). Il désigne un processus d'accroissement du pouvoir des gens et de leur maîtrise sur leur existence. L'économiste Amartya Sen, qui a étudié les capabilités (capacité à être maître de son environnement) aurait pu parler de « capabilisation ». On pourrait tout aussi bien parler de désaliéniation au sens marxiste. Mais ne perdons pas trop de temps pour trouver un mot pour le dire : l'essentiel est de noter que la marchandisation du monde a réduit dramatiquement la capacité des gens à être maîtres de leur propre existence.

En outre, il nous manque beaucoup d'autres choses essentielles. On aurait pu évoquer notamment l'espace, qui est de plus en plus difficile à s'approprier par chacun en raison de la bulle immobilière et de la disparition des espaces communs. Les liens sociaux également sont de plus en plus rares, même si Internet facilite la multiplication des liens faibles (des liens épisodiques et distants, qui peuvent s’interrompre à tout moment et qui s’opposent aux liens forts, c'est-à-dire fréquents et affectifs). Les personnes qui partagent une passion quelconque sont les seuls à avoir trouvé dans l'exercice de leur activité préférée le lieu et les liens qui manquent aux individus isolés et exclus par la société marchande.

Enfin et surtout, il nous faut revenir sur le fait que le manque le plus cruel dans un monde marchand est le manque d'argent. En effet, les ressources monétaires sont encore en apparence le moyen le plus efficace pour s'approprier les savoir-faire qui nous manquent, pour nous donner du pouvoir, d'achat bien sûr, mais aussi celui d'acheter le temps de travail des autres afin de compenser ces heures précieuses qui nous font défaut. L'argent, on le sait, même si c'est un peu moins fort en France que dans d'autres pays, permet aussi d'obtenir cette reconnaissance sociale que tout le monde recherche. D'ailleurs, le réflexe le plus immédiat, quand chacun se sent démuni, n'est-il pas de réclamer qu'on lui laisse profiter de ses précieux revenus, comme le réclament les gilets jaunes ?

La solution à nos maux n'est-elle pas là : donner à chacun les moyens monétaires de se procurer tout ce qui lui manque d'essentiel ? On peut toujours creuser cette piste, même si elle se heurte à de nombreux obstacles. Et imaginer, pourquoi pas, une façon inédite de diriger les richesses financières vers ceux qui en sont systématiquement privés, même si on sait bien quelles résistances un tel projet rencontre depuis toujours.

Mais au risque de contredire le bon sens le plus élémentaire, il me semble quc l'enrichissement monétaire, s'il était la seule voie de réforme de notre société, serait le remède le moins efficace à nos angoisses d'appauvrissement. Et cela pour trois raisons : parce que la richesse financière va se faire de plus en plus rare et nous procurer de moins en moins de ressources concrètes mais aussi parce qu'on sait désormais qu'elle ne nous offre que des simulacres de temps, de savoir-faire, de pouvoir et de reconnaissance.

S'il faut souhaiter à nos descendants d'être riches, ce sera certainement d'autres choses que de seules richesses financières. Car donner de l'argent, donner plus d'argent, sans décider ensemble de ce que cet argent doit acheter, ce serait chercher à éteindre un incendie en le noyant sous des seaux d'essence.

De toute façon, quand les gens réclament plus d'argent, ils demandent toujours indirectement du temps. Dans « La prisonnière du désert » (1956) de John Ford, John Wayne trinque avec deux Mexicains en portant un toast qui dit à peu près ceci : *« Santé ! »,* fait le premier, en espagnol. *« Et de l'argent »*, ajoute le deuxième. *« Et surtout du temps pour le dépenser ! »* précise le dernier, plus malin que les autres. Le besoin de temps, l'espoir de vivre assez longtemps était essentiel dans la société violente du Far West où l'espérance de vie était bien plus réduite qu'aujourd'hui. Pourtant, même si l'on vit désormais bien plus vieux qu'auparavant, le besoin d'avoir du temps est renforcé de nos jours par le fait que nous vivons dans une société où tout est marchandisé. Le temps dont nous manquons est en réalité celui qui nous permettrait de nous procurer de l'argent, ce bien indispensable pour acheter les choses que nous n'avons plus, puisque nous n'avons plus le temps de les produire nous-mêmes.

L'argent nous manque d'autant plus que certaines marchandises dont nous avons un besoin vital sont soumises à la spéculation, ce qui entretient la hausse de leur prix, cette inflation attirant toujours plus de demandeurs désireux d'acheter un produit avant que son prix devienne trop élevé. Mais la spéculation aime l'argent, elle s'en nourrit. Par conséquent, croire qu'on la calmera en distribuant plus de monnaie est un leurre. Plus on réclame d'argent, plus on nourrit la machine qui produit du besoin d'argent. D'où l'image des seaux d'essence qui n'éteindront pas l'incendie…

Prix immobiliers : aux voleurs de temps !

Prenons l'exemple le plus parlant : le logement. On voit bien qu'en réclamant une hausse des revenus au prétexte que le logement coûte trop cher on prend le risque d'une politique économique qui serait certes immédiatement utile et plaisante, car tout le monde serait plus riche, mais dont l'effet serait rapidement nul, dans la mesure où rien ne peut garantir que la hausse des revenus ne s'accompagnerait pas d'une hausse proportionnelle des prix de vente et des loyers justifiée précisément par la hausse des revenus. *« Pourquoi ne pas augmenter les prix du logement, puisque les gens peuvent payer ? »*, se diraient à juste titre les offreurs de logements, vendeurs ou loueurs.

Certes, mais quel rapport avec le temps ? Suivez-moi : la hausse spéculative du prix des biens immobiliers n'est rien d'autre qu'un vol de notre temps[44]. Car si l'acquisition -ou la simple utilisation- de notre logement n'était pas si onéreuse, nous ne serions pas obligés de travailler autant, de perdre autant de temps à nous user dans des activités fort peu épanouissantes. Le travail est pénible, en particulier si on le compare aux autres usages possibles de notre temps. Il y a de nombreux dans notre existence, qui nous permettent d'accroître nos savoir-faire et notre reconnaissance, mais ce sont rarement des temps de travail.

Ce vol de temps est aggravé par le fait que les salariés habitent de plus en plus loin de leur lieu de travail, en raison précisément de la bulle immobilière internationale et de la

---

44 Je dis « notre » temps, mais il s'agit précisément d'un vol du temps des pauvres (ceux qui ne peuvent hériter de leur logement ou des moyens de l'acquérir) par ceux dont les capacités d'épargne leur ont permis d'investir dans l'immobilier.

raréfaction des emplois. L'accumulation d'allers-retours incessants entre son domicile et son travail est non seulement une perte de temps personnel, un vol supplémentaire de notre temps, mais elle engendre un coût social et environnemental proprement hallucinant : des accidentés de la route et des vies brisées chaque année, des organismes pollués et un dérèglement climatique qui menace chaque jour un peu plus nos descendants. Il suffirait que l'on puisse trouver près de son travail un logement pas cher pour que du temps nous soit rendu.

Vous aimez le calcul mental ? Si ça n'est pas le cas, passez donc sur les trois paragraphes suivants, on se retrouvera pour récapituler. Sinon, considérez un smicard qui consacre un tiers de son revenu, soit 400 € par mois, pour se loger. Dans de nombreuses villes, ce n'est pas un coût excessif, surtout si l'on a besoin de plus de 20 m², en sachant qu'à Paris, il n'existe pas de logement accessible avec un tel budget. Sur sa vie active, il investira donc :

400 € x 12 mois x 43 ans = 206.400 € dans son logement. Comment est-il possible que personne n'ait encore vu que le prix exorbitant du logement dépouille ce smicard d'un tiers de son temps de travail sur l'ensemble de sa vie active ? Une division par deux des prix immobiliers -ce qui les laisserait bien au-dessus de leur niveau d'avant la bulle spéculative- lui rendrait un sixième de son temps de travail total qu'il pourrait à sa guise utiliser pour gagner de quoi acheter d'autres biens, ou simplement pour prendre le temps de satisfaire lui-même d'autres besoins.

Soyons fous : en imaginant un retour vingt ans en arrière et une division par trois du prix des loyers et du m², les ménages ne consacreraient plus que 5% de leur revenu disponible au logement contre 15 % actuellement, si on additionne l'épargne immobilière aux dépenses de loyers. Les 10 % de leurs revenus ainsi libérés correspondraient soit à une hausse de leur pouvoir d'achat soit à un temps retrouvé pour eux-mêmes et ceux qui les entourent. Bien sûr, si l'on savait comment faire s'écrouler sur-le-champ une bulle immobilière, il ne faudrait pas le dire, si l'on ne veut pas s'attirer les foudres des puissances financières de la planète. Mais on peut toujours rêver et ne pas désespérer de la capacité des marchés à créer leurs propres crises...

Il serait pourtant envisageable, pour commencer à traiter sérieusement le problème, que l'État donne un droit de préemption aux salariés en CDI sur tous les biens immobiliers situés à moins de 15 minutes de leur lieu de travail, en transport individuel ou collectif. Avec obligation de revendre à un autre salarié de la même entreprise, sans plus-value supérieure à l'inflation, bien sûr. Ce droit s'appliquerait aussi aux logements locatifs, l'entreprise étant tenue, de surcroît, de se porter garant de ses propres salariés. Cela serait bien plus logique que de demander aux parents plus ou moins proches de jouer ce rôle délicat, ce qui exclut de l'accès au logement toutes les personnes éloignées d'une façon ou d'une autre de leurs parents proches.

Certes, ce genre de mesure contraindrait fortement les entreprises et les intervenants sur le marché immobilier, ce qui n'est pas dans l'air du temps. Mais puisqu'on se demande comment conditionner les réductions de charges sociales que l'État compense généreusement[45] sans contrepartie et sans efficacité avérée sur le chômage, on a là une piste intéressante. D'autant plus que des salariés qui ont un temps de transport réduit sont plus disponibles, plus productifs et plus attachés à leur entreprise que les autres. Au-delà de ce débat qui est forcément politique, ce qui m'intéresse ici est d'affirmer qu'en cherchant bien, on

---

45 On ne rappelle pas assez souvent que pour les salaires au niveau du SMIC, la France est le seul pays du monde (juste après la Nouvelle-Zélande et le Chili !) à faire payer aussi peu de charges sociales patronales (source OCDE).

pourrait trouver des mesures capables de redonner aux gens du pouvoir sur leur vie. Faire cesser le vol de temps que constitue la bulle immobilière en est un parmi d'autres. Qu'il serait grand temps d'envisager sérieusement…

Finalement, tout est une question de temps

Récapitulons : si les gens avaient plus de pouvoir, ils pourraient faire passer des mesures visant à leur faire gagner du temps, ce dernier leur permettant de développer leurs savoir-faire en leur redonnant une reconnaissance sociale nouvelle. Quatre manques comblés dans la même foulée ! Pas seulement pour le plaisir, mais parce que le temps est sans doute la ressource qui manquera le plus à nos descendants. Il est la condition essentielle de *l'empowerment*, à savoir la possibilité de reprendre le pouvoir sur nos existences, dont nous parlions tout à l'heure.

En effet, il n'est pas impossible que dans un futur pas si lointain, nous aurons besoin de ce temps libéré. Et cela pour des raisons écologiques assez évidentes : il est probable qu'à l'avenir l'énergie artificielle devienne rare[46]. Il nous faudrait alors passer plus de temps à produire en raison de la perte d'efficacité de nos machines qui ne pourraient plus fonctionner autant qu'auparavant aux énergies fossiles. En plus, si on considère que la production à base d'énergie artificielle n'a pas la qualité des produits faits main, on peut souhaiter que plus de gens se (re)mettent au travail, avec une efficacité bien moins élevée mais pour une qualité finale bien supérieure. Sans compter que ce que chacun reproduirait lui-même serait une source de fierté et de reconnaissance incomparablement supérieure au plaisir

46 En fait, c'est même une nécessité physique que des voix de plus en plus nombreuses ne cessent de rappeler dans une sorte d'indifférence ou d'inconscience générales. Lire *Dormez tranquille jusqu'en 2100* de Jean-Marc Jancovici (Ed. Odile Jacob, 2015).

frelaté qui consiste à s'acheter dans un magasin un bien sans âme issu d'une fabrique anonyme et lointaine, et dont le seul transport a nécessité la combustion de milliers de litres de carburant fossile polluants et non renouvelables.

Redonner à tout le monde la possibilité de pouvoir travailler sans inférioriser ni survaloriser personne permettrait également d'en finir avec l'un des plus gros mensonges de la science économique dominante, celui de la détermination du prix du travail. Ceux parmi mes lecteurs qui n'entendent rien à l'économie peuvent se contenter de la conclusion que l'on peut tirer de cette théorie néoclassique : le temps des pauvres ne vaut rien. Et cela pour deux raisons, disent les libéraux : ils sont moins productifs que les autres -ce qui n'a jamais été démontré- et ils ont trop de temps libre pour que celui-ci ait véritablement de la valeur et que sa privation mérite d'être bien indemnisée. En réalité, si chacun ne travaillait que pour lui-même ou pour son entourage proche, et ne profitait pas d'un pouvoir de marché lui permettant de négocier le prix de son travail à un niveau supérieur à celui des autres, les écarts de prix du travail redeviendraient les mêmes que les écarts de dignité entre les hommes : idéalement, ils seraient nuls. C'est le cas dans un monde non marchand.

Les économistes, non seulement font l'erreur de croire que le temps de tout le monde n'a pas la même valeur, mais en plus, ils sont persuadés que ce temps n'a qu'une seule et unique utilité : gagner ou dépenser de l'argent. Or, un grand nombre de nos activités sociales ne relèvent pas du tout d'une logique marchande monétaire : visiter ses vieux parents, aider ses enfants ou ses voisins, pratiqucr un loisir culturel comme de la musique, des jeux de société, de la lecture ou que sais-je encore, dormir, cultiver son jardin... Le marché s'immisce parfois dans ces temps-là, alors que nous n'avons fondamentalement pas besoin d'une organisation marchande pour réaliser ces activités sociales dans lesquelles nos émotions jouent un rôle central.

Mais les économistes standards se fichent bien de nos émotions, sauf s'ils peuvent s'en servir et les manipuler pour déclencher des réflexes d'achat. Les économistes sont aveuglés par le fait que l'ensemble des échanges est soumis aux prix de production ou de consommation des biens et des services qui y sont attachés. Milton Friedman, chef de file des économistes l'Université de Chicago était si fasciné par la façon dont les prix peuvent résumer l'ensemble des informations nécessaires pour occuper notre temps efficacement, qu'il s'est même laissé aller à écrire la chose suivante :

« Les prix (...) sont capables de coordonner l'activité de millions de personnes, (...) sans qu'il soit nécessaire que les gens ne se parlent ni qu'ils s'aiment[48] *».*

C'est clair : les économistes du système marchand ne comprennent rien à la façon dont les gens gèrent leurs ressources rares, à commencer par leur temps personnel. Or, la science économique est souvent définie comme l'art de gérer la rareté des ressources dont on dispose. Si ses conclusions aboutissent à la dilapidation, par une minorité, des ressources essentielles à l'humanité, c'est que l'on a affaire à une religion fondée sur l'économie, ce qu'on nomme *l'économicisme*. Une religion qui a de quoi inquiéter nombre de nos contemporains, compte tenu de la place qu'elle a acquise au fil du temps dans notre société et en particulier auprès de nos élites dirigeantes.

Décidément, notre société contemporaine vouée à l'économicisme, qui ne jure que par les logiques de concurrence, d'accumulation, de compétition et qui ne sait

---

48 Milton et Rose Friedman (1990), *Free to Choose : a Personnel Statement*, cité par J.P. Dupuis, préface de *Ce que l'argent ne peut acheter*, de Michael J. Sansel (Ed. Points Seuil Economie).

produire que de l'inégalité dans une société qui a faim d'égalité, a vraiment de quoi faire peur. Mais ce qui est le plus effrayant, c'est de se voir dépouiller de ce qui compte le plus pour nous. Pas besoin d'être diplômé de psychologie pour savoir que la seule vraie peur qui anime les gens est celle de la mort, ce moment où l'on paiera définitivement notre dette aux dieux qui nous ont prêté vie[49]. En attendant, chacun est comptable de ce qu'il fait de son temps… et de celui des autres ! Et chacun devrait s'offusquer avec la plus grande énergie contre ceux qui viennent nous voler ou nous gâcher ce temps si précieux. En particulier tous ceux qui nous empêchent d'être ou de rester maîtres de notre temps parce qu'ils ne cherchent qu'à rentabiliser le leur, en s'accaparant le nôtre.

Car la seule ressource infiniment précieuse dont chacun dispose, jusqu'aux plus démunis d'entre nous, et indépendamment de toutes les autres richesses matérielles ou spirituelles, c'est ce satané temps qui passe, qui s'écoule et ne revient jamais sur ses pas. Les économistes, s'ils veulent retrouver une vraie utilité sociale, devraient se préoccuper en priorité de l'usage que les gens font de cette ressource qui est au fond la seule vraiment importante. Un peu comme le fait le magicien Gandalf-le-Gris, dans Le Seigneur des Anneaux, lorsqu'il rassure les jeunes héros inquiets de ne pas avoir assez de temps dans leur combat contre les forces du mal. La formule qu'il emploie, ce conseil de vieux sage, devrait introduire tous les manuels d'économie :

> *« L'important n'est pas de savoir combien de temps il nous reste, mais de décider de ce que l'on va faire du temps qu'il nous reste ».*

---

49 Vous trouverez dans un autre ouvrage de David Graeber, *Dette, 5000 ans d'histoire* (Ed. Babel, 2013) une analyse critique de la théorie des dettes primordiales (chapitre 3).

Chapitre Huit
La voie de la décroissance marchande

Il n'a jamais été aussi facile de critiquer le capitalisme, dans les pays riches. D'abord, parce qu'on y est riche, justement, et que l'on peut considérer que s'il reste des pauvres ce n'est plus qu'un souci de mauvaise répartition du gâteau collectif. Quand vous avez déjà beaucoup, vous pouvez rejeter avec mépris un système qui vous promet plus encore.

Mais si le capitalisme est attaquable, ce n'est pas vraiment sur sa capacité à créer des richesses nouvelles mais sur son incapacité assez inédite à s'adapter à des conditions imprévues. Ce système, qui a tout de même survécu à deux grandes guerres mondiales, quelques crises sociales, bancaires, énergétiques ou politiques majeures et à une bombe démographique qui n'a pas fini d'exploser, ce système que l'on croyait si souple semble poussé dans ses derniers retranchements par un virus planétaire et un réchauffement climatique en plein essor.

Si l'on admet le fait que, plus que jamais, le capitalisme se nourrit des ressources qu'il fait lui-même disparaître, il n'est pas trop risqué de parier sur la lente mutation de cette formidable machine à produire-énormément-tout-en-détruisant-encore-plus en simple machine à détruire-plus-tout-en-produisant-moins. Il en sera fini, dans un futur indéterminé, de la superbe productivité capitaliste. Car il est physiquement impossible de produire plus en détruisant moins[51].

---

51 On devrait faire lire aux enfants dès le collège l'excellent ouvrage de Philippe Bihouix, *L'âge des Low-Tech*, Collection Anthropocène, Seuil, 2014. Cela limiterait à l'avenir le nombre d'adultes qui sont persuadés qu'on peut « économiser » les ressources et l'énergie des machines, alors qu'on n'y parvient jamais mieux qu'en *ne dépensant pas* son argent en marchandises prêtes-à-jeter.

Or le capitalisme industriel marchand ne peut se passer de productivité. C'est elle qui dans le même temps réduit la part des salaires dans les coûts de production, tout en augmentant les quantités produites et les salaires eux-mêmes[52], assurant au passage la hausse globale de l'ensemble des revenus. Cependant, il n'est pas possible d'être plus productif sans taper dans le stock des ressources rares non renouvelables dont certaines sont extrêmement polluantes et génératrices de CO2.

En fait, ce serait possible mais dans un monde sans croissance, dans le fameux état stationnaire théorisé par le grand John Stuart Mill, sans doute l'économiste le plus écologiste et humaniste (féministe, de surcroît) du XIXe siècle. Autrement dit, si tous les gains de productivité n'avaient pas servi à augmenter la croissance de la production, la productivité serait devenue la source essentielle de libération du temps de travail et de préservation des ressources rares. Mais il n'en a rien été.

Mais bon sang, où est la pédale de frein ?

Car de la définition canonique de la productivité (faire bien les bonnes choses) les économistes et les entrepreneurs ne retiennent que la première partie. En supposant toujours que "faire bien", c'est faire vite, de manière à produire le plus possible par unité de capital investi, ou par salarié rémunéré. Pour cela, rien de tel qu'une machine, qu'un logiciel, qu'une intelligence artificielle ou que n'importe quoi en réalité qui va plus vite que nous, pauvres mortels que nous sommes, limités dans nos actions laborieuses.

Le pétrole, que l'on brûle dans 90 % des transports terrestres et maritimes, est le moyen d'échanger entre nous

---

52 Même si vous êtes fâchés avec les chiffres, vous pouvez admettre que si les salaires représentent une part de plus en plus faible des coûts de production, ça ne les empêche pas d'augmenter si la production croît de façon considérable. D'où l'intérêt des gains de productivité.

les biens et services produits essentiellement avec de l'électricité venue de la combustion du charbon. La fée électricité, produit et productrice de croissance, est la principale technologie sans laquelle il n'y a pas de productivité. C'est le feu que Prométhée a volé aux dieux pour l'offrir aux hommes, pour leur salut et pour leur malheur[53].

Toutes ces ressources mobilisées permettent une accumulation des richesses qui semble sans fin mais ne l'est pas, tout en dégradant le climat d'une façon qui est, pour le coup, vraiment irréversible. Comment sortir de ce dilemme ? Comment sortir d'un système productif qui n'est efficace que s'il détruit le climat et de nombreuses ressources naturelles, deux conséquences qui ne sont pas de simples petits dégâts collatéraux ?

Il faudrait trouver une façon de ne plus pousser au crime les gens qui produisent et qui le font la plupart du temps avec les règles du jeu qu'on leur propose. Or, la mesure de la richesse par la valeur ajoutée est indubitablement un pousse-au-crime majeur.

Quelques économistes plus lucides que leurs confrères ont fait le tour depuis longtemps de ce qu'il convenu de nommer les "limites du PIB". Officiellement, le PIB mesure la valeur ajoutée produite par les agents économiques pendant un an. La valeur ajoutée, qui porte bien son nom, correspond à la hausse de la valeur des biens semi-transformés, dès lors qu'une entreprise les convertit en biens finis, prêts à consommer !

---

53 Dans un premier temps, le feu et l'électricité ont rendu le monde plus habitable. La production de cette dernière, que ce soit par des centrales thermiques fossiles ou nucléaires fait désormais peser de lourdes menaces sur les conditions de vie de nos descendants. L'électricité n'en reste pas moins une invention géniale. Mais sa production ne l'est presque jamais et ne le sera pas avant un bon moment…

Si des pommes de terre valent un euro le kilo, le kilo de purée déshydratée en vaudra deux en raison de la transformation opérée sur les patates. Cette mesure de la richesse repose sur une convention, c'est-à-dire un commun accord entre décideurs et théoriciens de l'économie pour désigner ce qu'on doit rendre maximum pour être le plus riche possible.

Comme la valeur ajoutée, qui est bien plus que le bénéfice, est partagée entre ceux qui participent à la production de valeur, plus elle sera élevée plus les salariés, les actionnaires, les prêteurs de capitaux et l'État se partageront un gros gâteau. Il faut donc se dépêcher de transformer et de vendre tout ce qu'on peut, et ensuite de retransformer et de revendre d'autres choses après avoir convaincu les consommateurs que les premiers produits qu'on leur a vendus ont fait leur temps et que décidément, leur confort et leur bien-être seraient grandement améliorés par le renouvellement permanent de tout ce qu'ils possèdent déjà[54]. C'est la mode, mère de toutes les innovations, qui mène la danse.

Pauvre Malthus

À l'époque où le PIB s'imposa, les économistes ignoraient presque tout des limites physiques de la production et ne pouvaient pas voir comment la productivité mise au service de la croissance était une voie sans issue. Malthus avait été ringardisé définitivement sous la figure du pasteur austère méprisant les pauvres, parce qu'il avait évoqué la possibilité qu'au "grand banquet de la nature" il n'y ait peut-être pas "de couverts pour tous". Cc manque de générosité s'appuyait sur l'idée que les

---

54 À cet égard, l'économie circulaire (hormis celle du « recyclage naturel » des ressources agricoles) n'est souvent qu'un cache-sexe « durable » pour le système croissanciste.

ressources nécessaires à la satisfaction de nos besoins pourraient finir par manquer.

Pire encore, il avait observé que lorsque les richesses se faisaient rares, ou la population trop nombreuse, mère Nature ne manquait jamais de faire advenir de cruelles maladies qui débarrassaient le monde des pauvres excédentaires. Pour cela, il préconisait, pour le bien de tous, de limiter le nombre de naissances, léguant dès lors son nom aux politiques dites malthusiennes de contrôle des naissances. Il a laissé de lui ou de ceux qui se revendiquent de lui, l'image de gens qui n'aiment ni les pauvres, ni les gosses. Ce qui est très excessif : il craignait juste la pauvreté et redoutait le manque de ressources qui y conduit.

Face à lui, tous les autres économistes ou presque, convaincus que les progrès techniques et médicaux pouvaient permettre de nourrir toute la population et tous les enfants que l'humanité voudrait engendrer, validèrent un indicateur (le PIB) qui augmente sans cesse par la seule magie de l'intelligence humaine, plus encore que par le prélèvement des ressources. À l'époque du retour en force du libéralisme économique, Ronald Reagan avait trouvé une belle formule pour persuader ses électeurs que la croissance était infinie : « *Il n'y a pas de limites à la croissance*, disait-il, *car il n'y a pas de limites à l'intelligence humaine, à l'imagination et à l'émerveillement* ».

On comprend le succès, au XXe siècle, des théoriciens des innovations, menés par l'économiste autrichien Joseph Schumpeter, qui expliquèrent, en partant de la division du travail d'Adam Smith, comment le génie productif humain pouvait permettre de satisfaire toutes les nouvelles bouches à nourrir. Sa vision romantique et aventurière des innovateurs, casseurs des routines traditionnelles (des anti-malthusiens par excellence), avait tout pour rendre glorieuse la grande épopée du progrès capitaliste.

Relevons également la fascination qu'une telle vision de la production a pu opérer assez paradoxalement sur des esprits profondément chrétiens. Il serait donc possible, à rebours de la pensée malthusienne, de "croître et multiplier" hors de la pauvreté ? Cette généreuse promesse économique a séduit tout le monde, depuis les libéraux qui voulaient que la liberté d'entreprendre garantisse l'enrichissement individuel jusqu'aux communistes qui comptaient bien que l'immense production collective permette de sortir enfin les ouvriers de leur basse condition, en passant, donc, par les démocrates-chrétiens.

Mais le réel a la vie dure et cette promesse de croissance illimitée rencontre de plein fouet les limites pressenties par Malthus et John Stuart Mill sans qu'ils les aient étayées par des preuves scientifiques.

Ce sont des physiciens qui ont donné l'alerte il y a un demi-siècle. Dans le rapport de Dennis et Donella Meadows remis au Club de Rome en 1972, des prospectivistes avaient établi qu'en raison du caractère fini des ressources productives et en particulier des ressources énergétiques, la croissance devrait finir un jour par marquer le pas faute de carburant dans la machine. De son côté, Jean Fourastié dans son essai au titre désormais très célèbre, "Les Trente Glorieuses" montrait qu'on ne peut doubler une production tous les 7, 10 ou 14 ans[56], comme on le fit à l'époque, sans tomber un jour sur un os.

Des os qui grippent la croissance, on en connaît un paquet désormais. Le plus gros étant tout de même celui du changement climatique provoqué par deux siècles d'industrialisation et d'amélioration des conditions de vie

56 La règle des 70 nous indique qu'en divisant 70 par n'importe quel nombre d'années, on obtient le taux de croissance qui permet de doubler une grandeur sur cette même période. Exemples : en 70 ans, on double ce qui croît de 1% par an. En 35 ans, on double ce qui augmente de 2 % par an et en 7 ans, on double ce qui augmente de 10 % par an.

des humains grâce à des apports énergétiques d'une ampleur inégalée auparavant.

Cependant, la perspective d'un retour à des politiques malthusiennes ne réjouit personne. Ni ceux que n'a jamais fait rêver l'abstinence volontaire prêchée par le pasteur Malthus (même si le problème a été bien allégé par les méthodes modernes de contraception et le déclin des dogmes religieux) ni ceux qui considèrent avec raison que la stérilisation ou les avortements forcés de la politique antinataliste pratiquée par le régime autoritaire chinois de 1979 à 2015 sont des atteintes dramatiques à la liberté de procréer et au droit des humains à disposer de leur corps.

Personne, à l'heure actuelle, même les malthusiens, n'envisage pour autant de faire disparaître par la faim la partie excédentaire de la population mondiale, pour la bonne raison que rien ne permet de choisir moralement les groupes sur lesquels tout le monde s'accorderait à dire qu'ils sont "de trop".

Puisqu'il faut, et c'est heureux, faire avec tout ce beau monde plein de vie et plein d'espoir, et sans prélèvement excessif des ressources rares et polluantes, il faut maintenant devenir des malthusiens résignés et se demander comment pourrait-on "vivre bien" en étant aussi nombreux[57] et en l'absence de croissance future. Et donc comment en finir avec la productivité.

Les économistes vont devoir fournir un effort considérable sur eux-mêmes pour oser démolir le fastueux édifice intellectuel construit à la gloire du système productif marchand. Puisqu'il me reste assez de modestie et juste

---

57 Le problème démographique se résorbera de lui-même. Toutes les générations surnuméraires, quand elles meurent, font décroître leur population de façon spectaculaire. Malheureusement, compte tenu des progrès de la médecine, la population mondiale ne se réduira pas avant que les problèmes climatiques soient devenus dramatiques et irréversibles.

assez de place pour reconnaître que je ne réglerai pas moi-même ce vaste programme en un seul livre, je voudrais juste évoquer trois points qui vont poser de gros problèmes dès qu'on va les soulever. Il s'agit des revenus, du travail et du confort, menacés directement par la baisse de la productivité.

1/ Comment gagner sa vie dans une société de décroissance marchande ?

Perdre en hausse de la production provoquera une baisse des revenus difficilement envisageable à l'heure actuelle, alors même que dans les pays riches, une grosse part de la population peut déjà légitimement se plaindre d'avoir des revenus très insuffisants. Perdre en croissance, ce serait perdre en revenus, certes. Mais à quoi servent ces revenus qui nous obsèdent tant ? À acheter des biens et des services que l'on est désormais bien incapables de produire nous-mêmes. Et à les racheter sans cesse, puisque c'est là l'une des activités centrales de nos existences : lécher les vitrines, surfer sur les sites marchands, chercher la bonne affaire, fouiner et débusquer le produit qui nous apportera une éphémère sensation de satiété. Sentiment si fugace, qu'il nous faut vite nous mettre en chasse d'autre chose.

Or si c'est cela le centre de nos existences, si aucune activité non marchande ne les remplit par ailleurs, il faut évidemment que nos revenus suivent le rythme. Par conséquent, *produire moins* n'est pas le vrai but dans une société déproductive, c'est *consommer moins* qui est l'objectif essentiel. Dès lors, il ne sera plus nécessaire de "perdre sa vie à la gagner". Il restera à donner à chacun des « moyens » de se procurer les biens essentiels[58], en laissant

---

58 Depuis longtemps la piste du Revenu universel (ou revenu de base) est ouverte et ses modalités de mise en place sont multiples. Les bonnes pistes sont sans doute à trouver du côté des revenus sous forme de monnaie locale et surtout pas universelle si l'on veut éviter que les

au marché le soin de s'occuper du reste, non sans lui avoir posé quelques contraintes fortes. Le superflu doit rester épisodique et ne plus être mis au centre de nos existences, comme nous le verrons au chapitre suivant.

2/ Alors, on ne va plus travailler ?

Sur ce thème, il faudrait plus d'un chapitre pour proposer un modèle économique qui tienne debout[59]. Posons deux pistes en attendant : tout d'abord, l'emploi est directement relié à la hausse de la production et de la productivité. Baisser la production réduit certes le nombre d'emplois. Mais réduire la productivité les augmente également : pas sûr que l'on mette de sitôt tout le monde au chômage ou à mi-temps. Et surtout, on ne parle que d'emplois et de travail marchands. En réduisant le temps de travail salarié, on libère un temps inédit, qui doit devenir non pas un temps de loisirs mais un temps de travail non marchand[60].

Or une société dans laquelle l'intégralité des besoins n'est plus satisfaite par le marché devra forcément remettre en avant le travail domestique. Faire chez soi a toujours été le mode de production le plus économe, puisqu'il économise les ressources (essentiellement pétrolières, on

---

revenus gagnés à un endroit de la planète servent à piller les ressources d'un autre endroit.

59 Il faut lire Jean Gadrey, *Adieu à la croissance. Bien vivre dans un monde solidaire*, Paris, Les petits matins-Alternatives économiques, 2010. Cela fait plus de 10 ans que cet économiste est en avance sur tous les économistes adeptes des innovations productrices de valeur et destructrices de ressources. Mais parce qu'il est un ardent défenseur d'une économie peu productive, Jean Gadrey n'est pas un bon client des médias et des réseaux sociaux.

60 Le capitalisme a transformé peu à peu le temps d'oisiveté, qui était un temps d'enrichissement individuel et spirituel (que les humains ont connu de tout temps dans toutes les sociétés) en un temps jumeau du travail marchand, le temps de consommation joliment déguisé en temps de repos des travailleurs.

l'a vu) mobilisées pour le transport des biens intermédiaires et des biens finis. Tous les défenseurs du travail, qui furent tout autant des gens de gauche que des gens de droite devraient se réjouir de cette perspective. Car le travail humain, même fait chez soi, c'est ce qui donne du sens à nos vies.

3/ Nos vies seront-elles à l'avenir aussi confortables que maintenant ?

Le confort de nos existences reste la grande question à traiter. « Confort », plutôt que bonheur ou bien-être, car la première notion est trop philosophique et la deuxième trop économique. Les gens veulent, dans les sociétés modernes, vivre confortablement : être bien logés, bien chauffés et bien nourris. Le "reste à vivre" est tout à fait discutable et variable selon les époques ou les sociétés. Mais considérer que seul le marché est capable de satisfaire pleinement nos besoins et de nous procurer du confort, c'est faire preuve de bien peu d'imagination.

D'autant plus que l'émergence de notre nouveau temps de travail non marchand pourrait être consacré à refaire ce que le système marchand nous avait interdit de produire pendant trop longtemps au prétexte qu'« on ne va pas se fatiguer à faire par soi-même, en prenant le temps et avec les ressources locales, ce que le marché peut faire plus vite avec des ressources volées à nos descendants et venues des quatre coins de la planète à grand renfort d'émissions de CO2 ! ». Pour cela, les low-tech, ces technologies soucieuses de minimiser l'impact de leur usage sur les ressources rares, seront d'un vrai secours. Car elles ne donnent à leur utilisateur que ce qu'elles peuvent donner, avec en bonus un surcroit de maîtrise sur leur existence, cet *empowerment* qui nous fait tant défaut.

Cependant, le vertige que provoque la visite d'un grand espace commercial ou d'un site marchand bien achalandé suffit à faire comprendre pourquoi le capitalisme ne mourra pas de sa belle mort. Car les pompiers seront nombreux à se précipiter à son chevet. Consommateurs, producteurs, banquiers, commerciaux, créatifs publicitaires, transporteurs routiers, tous savent que sauver la productivité, c'est sauver un système qui nous promet des cavernes d'Ali-Baba. Pourtant, ça ne serait pas si difficile de s'en éloigner sans violence.

Car n'en déplaise aux extrêmes gauchistes convaincus, on ne sortira pas du capitalisme. En tout cas pas subitement, par une décision concertée des peuples qui dirait "Ça suffit", par le vote ou par la révolution[61]. En revanche, les contraintes croissantes qui pèsent sur ce système nous débarrassent peu à peu de la logique de croissance, et c'est un bon début avant d'aller plus loin.

Car si nous avons besoin de production, nous n'avons pas besoin de croissance. Et encore moins de productivité, qui est sa petite sœur insupportable.

Il faut cesser de rechercher l'efficacité qui nous abîme et détruit notre environnement. Cesser de déléguer à des machines la fabrication d'objets éphémères et inutiles qui ne flattent que notre envie d'avoir, pour nous faire croire qu'on vaut ce qu'on possède.

Économisons notre énergie pour des choses bien plus essentielles. Nous en aurons bien besoin si l'on veut rester humains pour encore quelques temps.

---

61 Ce livre est décidément trop court pour embrasser toutes les questions qu'il soulève, mais l'abolition de la propriété privée et la gestion des ressources communes par un ou des organes de décision publique, qui sont les conditions premières de la sortie du capitalisme ne se décideront ni après un court débat apaisé, ni par une prise de pouvoir autoritaire d'un groupe social quelconque. Il faudra des décennies d'évolution anthropologique pour y parvenir. Ce qui n'exclut pas, d'ici là, diverses formes de « luttes sociales » dans ce sens.

Verso 5
On s'amusait tellement…

On s'amusait bien, pourtant. Nos rires résonnaient dans tout le quartier. Ceux qui restaient à l'écart de nos jeux nous regardaient avec envie. On ne cessait de trouver de nouvelles façons de faire les fous. On innovait sans cesse. Il y avait bien un voisin ronchon qui menaçait régulièrement de modifier le règlement de la copropriété pour faire cesser nos nuisances, mais personne ne l'écoutait jamais.

On s'amusait en toute liberté, sans penser à autre chose qu'au plaisir immédiat. Et si on avait de plus en plus chaud, c'était juste parce qu'on courait comme des jeunes chiens fous pour voir qui était le plus fort ou le plus malin. On apprenait même ensemble, en jouant avec les règles, comment les détourner à notre avantage. Mais ça faisait partie du jeu : tout le monde n'en sortait pas gagnant.

Et puis venait le moment tant redouté où nos parents nous demandaient de rentrer. Ils avaient toujours une bonne raison pour faire cesser nos activités : l'orage allait gronder, il était temps de faire nos devoirs ou bien il fallait garder un peu d'énergie pour demain... Nous, on ne comprenait pas ce que nos parents anticipaient pour nous. Seul le présent nous parlait, nous séduisait. Demain, c'était le souci des vieux et on s'en déchargeait sur eux. Normal, pour des enfants.

Maintenant que nous sommes devenus adultes, les appels des climatologues à faire cesser nos jeux de consommateurs insouciants font ressurgir la voix parentale de notre enfance. Et l'on a envie de leur demander, comme à nos parents jadis : "S'il vous plaît, juste quelques minutes en plus !". D'ailleurs, l'averse n'est pas encore tombée, on aura bien le temps si ça tourne à l'orage de se réfugier à la maison.

Demain, de toute façon, on mettra toute notre énergie à réparer nos jeux. Et puis le président de la Copro n'a qu'à le faire, son satané règlement qui réduira nos nuisances. C'est son boulot, après tout... On a beau savoir que les climatologues ont la sagesse des parents qui mettent en garde contre elle-même une humanité infantile, on ne veut pas grandir. Or l'orage gronde comme jamais. Mais est-ce une raison pour cesser tout, tout suite ? On s'amusait tellement, jusqu'à présent.

Chapitre Neuf

De quoi n'avons-nous pas besoin ?

De gros gâteaux à partager : voilà comment tout le monde considère les richesses économiques. Les émissions de CO2 elles-mêmes, dans les limites que peut supporter notre atmosphère terrestre, formeraient l'un de ces excellents mets pour lesquels la seule question urgente serait de s'accorder sur son partage entre nations ou groupes sociaux. Dans le cadre de sa sociale-écologie, Eloi Laurent consacre une énergie folle et admirable pour tenter de répondre à la question du juste partage[62]. Dieu merci, les "partageurs" sont nombreux dans notre pays, et sont de gauche comme de droite car le partage est une très ancienne valeur religieuse encore assez bien "partagée" (et c'est heureux). Ils regretteront que cette question ne soit pas au cœur de notre critique des analyses économiques car beaucoup y voient la question centrale. Or, d'un certaine façon, c'est plutôt un combat du passé. Car si nous n'avons pas su partager alors même que nous étions en période de croissance, quelle chance avons d'y parvenir si les ressources décroissent ?

Le partage des richesses est devenu une question centrale depuis qu'il y a quelque chose à partager, ce qui n'est pas si vieux que ça puisque ça date du triomphe du capitalisme industriel au XIXe siècle. L'État lui-même s'est emparé de cette question lorsqu'il a décidé de mesurer la richesse nationale à partir de la valeur ajoutée, construite à la fois comme mesure de la richesse totale (ce que le PIB prétend être mais qu'il n'est pas) et comme somme de l'ensemble des revenus. Il est évident que la part de la valeur ajoutée que les uns s'approprient est perdue pour les autres.

---

62 Eloi Laurent, *Sortir de la croissance – Mode d'emploi*, Ed. Les liens qui libèrent, 2019

Cette fausse[63] richesse est l'objet de convoitises intenses et son partage (voire sa confiscation intégrale par la classe ouvrière) est resté jusqu'à aujourd'hui l'obsession des socialistes les plus convaincus. Mais c'est uniquement tant que les gâteaux augmentent qu'on envisage de les partager. Dans le monde sans croissance qui se profile, et pire encore dans un monde en décroissance, il n'y a plus de partage, mais lutte par chacun pour conserver ce qu'il peut, quitte à se battre pour y parvenir.

Les économistes étudient ce phénomène par le biais de l'économie des jeux, un courant théorique libéral et comportementaliste qui cherche à comprendre les actions des individus dans des situations aux règles fixées d'avance - et qu'ils nomment des jeux, même s'ils ne sont pas forcément très amusants. Outre ses règles, un jeu se caractérise par les gains, à l'arrivée, de tous les joueurs. Il peut arriver que tous gagnent un peu, mais plus ou moins. Il est possible aussi que certains gagnent ce que les autres ont perdu. Dans le premier cas, on dit que le jeu est à somme positive, dans le second cas que c'est un jeu à somme nulle (sous-entendu : la somme des gains est nulle). Dans un jeu où tout le monde perd, mais où chacun se bat pour perdre moins que les autres, on dit que le jeu est à somme négative.

Le PIB a été généralisé à partir du moment où l'on a compris que sa croissance engendrait un jeu à somme positive. L'ensemble des revenus monétaires, que les gens prennent faute de mieux pour la richesse nationale, a augmenté chaque année depuis 70 ans en France, à quelques années de crise près (1975, 1993, 2009 et 2020). Dans cet Ancien Monde en croissance, la question du partage pacifique des revenus, sous l'égide bienveillante de l'État,

63 Comme le montre Jean-Marie Harribey dans *La richesse, la valeur et l'inestimable*, Ed. Les liens qui libèrent, 2013.

était centrale[64]. La question se posera très différemment dans une économie globalement stationnaire. Dans un tel monde aux contraintes fortes, la question ne sera pas de savoir comment partager des revenus en croissance illimitée, mais à quelles activités devrons-nous (et voudrons-nous) consacrer nos ressources limitées[65]. Encore faut-il comprendre quelle logique organise nos activités actuelles.

On peut représenter l'organisation de nos activités productives comme une sorte d'oignon à plusieurs couches. Au centre se trouvent tous les biens et les services qui justifient l'ensemble des autres activités. Jean-Marc Jancovici affirme que seule la production des biens est au cœur du système, dans la mesure dit-il, où tous les services ne font qu'"administrer des flux physiques". Il serait plus exact de dire qu'aucun service ne peut être rendu sans production de richesses physiques. Mais on trouve des services en tant que tels au cœur de notre organisation marchande. L'objectif du système productif dans les pays capitalistes est de produire des biens superflus et des services de loisirs aux consommateurs. Pour ce faire, une armée d'actifs est mobilisée pour concevoir, produire, gérer la production et distribuer ces biens et services, pour lesquels il faut faire une publicité abondante. Il faut aussi recruter tous les gens qui se consacrent à ces activités. Voilà pour la première couche de mon oignon.

---

64 Les économistes n'ont jamais manqué de l'intégrer à leurs modèles de croissance, par le biais des prélèvements publics sur les revenus et des variables de redistribution soit en nature, soit sous forme de dépenses publiques.

65 Limitées, plutôt que rares, car les économistes ont dévoyé la notion de rareté en ne l'appliquant qu'aux biens économiques dont la disponibilité n'est pas infinie, à l'inverse des biens libres comme l'air ou l'eau. En réalité, de nombreux biens considérés comme libres sont en quantité limitée, nous le savons maintenant. C'est précisément le cas des ressources naturelles non renouvelables et du climat.

Cependant, il faut avoir créé en amont les conditions qui permettent la réalisation de ces activités. Ce qui veut dire former les gens qui vont produire (et former ceux qui les forment), mettre en place un système juridique, des infrastructures de transports pour les biens, les personnes et les informations, financer tout cela et même comprendre et conseiller tous ceux qui vivent dans la sphère productive (rôle joué par les conseils, communicants ou intellectuels divers, qui donnent une cohérence à toutes ces activités en leur donnant du sens). C'est la deuxième couche de l'oignon.

Mais pour que les armées d'actifs évoqués dans les deux premières couches se consacrent à plein temps à leurs activités, il faut bien sûr les loger, les chauffer, les nourrir et les soigner. Ces activités ne sont plus vues comme centrales dans les pays riches, mais comme des conditions nécessaires à la réalisation de nos objectifs supérieurs : se faire plaisir en occupant notre temps à consommer des biens et services qui remplissent nos vies en leur donnant une finalité considérée comme plus noble que la simple survie[66].

Les économistes, qui sont des scientifiques empêchés de faire des expériences (sauf par la pensée, comme dans l'économie des jeux) ont pu vivre, une fois n'est pas coutume, une expérience en grandeur réelle démontrant que les activités de loisirs sont bien centrales. Car ce qui a été empêché et stoppé net durant les confinements de 2020-2021, ce sont ces activités non essentielles. Les activités périphériques ont pu continuer presque à l'identique, à l'exception des activités de soins en raison de l'origine épidémiologique de la crise et de notre impréparation à la survenue d'une pandémie.

---

66 Le transport occupe une place particulière, car il est à la fois une activité de loisir en soi, tout en étant indispensable à la production. Les transports sont présents dans toutes les couches de notre oignon, tout en étant considérés, à juste titre, comme une activité vitale.

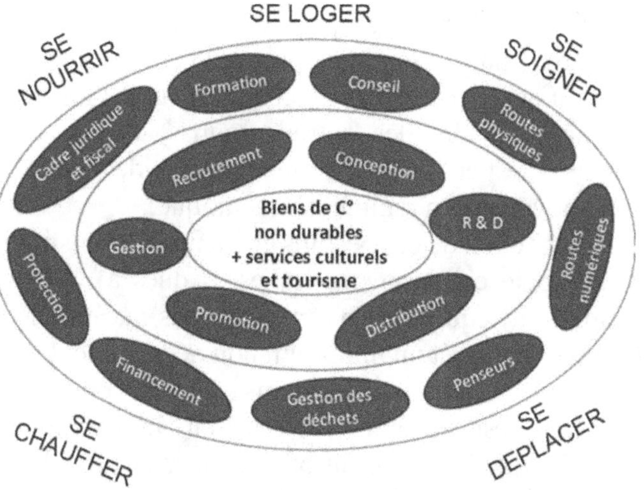

En revanche, ce dont on a été dispensé est le cœur de l'oignon : sorties culturelles et gastronomiques, achats de biens "divertissants" ou d'agrément, shopping dans les boutiques de mode, week-end dans les lieux de villégiature et les parcs touristiques, etc. Et l'on a vu, comme on ne l'aurait jamais vu si l'on n'en avait pas fait l'expérience en grandeur nature, que ces activités en disparaissant mettent à l'arrêt une partie considérable de l'économie et des activités. Conclusion : dans les pays riches, *les activités de subsistance ne sont plus depuis longtemps au cœur du système productif*. Gardons cela en mémoire pour plus tard.

Oignon ou Donut ?

En 2018, l'économiste Kate Raworth a connu un joli succès, bien relayé sur les réseaux sociaux, en popularisant l'économie du Donut. Cette théorie est née de son travail au sein de l'association Oxfam, qui lutte contre la pauvreté, contre les injustices et pour le développement. Son idée est simple : il existe un certain nombre de besoins de base que les individus doivent satisfaire pour mener une "vie bonne", comme disent les philosophes, à savoir une existence digne d'être vécue et permettant l'épanouissement de celui ou celle qui la vit. Il ne s'agit pas que de manger et d'être en bonne santé, mais aussi de ne pas être victime d'injustices, de pouvoir accéder à un travail et à un salaire et de parvenir à se faire entendre des autres groupes sociaux ou des décideurs. C'est en quelque sorte le modèle de vie idéal des classes moyennes en régime démocratique.

La satisfaction de ces besoins élémentaires constitue une sorte de socle commun des richesses dues à chacun. La possibilité physique d'y parvenir n'est pas questionnée par Kate Raworth : c'est un minimum non négociable. Une fois que ce cercle de besoins minimums est assuré pour tous, un autre cercle est tracé qui correspond au maximum de satisfaction que l'on pourrait obtenir dans chaque domaine sans franchir les nombreuses limites qui s'y opposent. Il s'agit précisément de tous les dégâts environnementaux listés par les spécialistes de ces questions, de l'acidification des océans au réchauffement climatique en passant par des pollutions diverses et variées. Ce plafond limitant étant posé, notre économiste explique à qui veut l'entendre qu'entre le plancher des besoins et le plafond des limites environnementales se situe une sorte de Donut, une zone de confort dans laquelle il ferait bon vivre.

Le Donut, c'est la version "light" du gros gâteau à partager. C'est petit, c'est rond, c'est modeste et ça fait plaisir. Et si on n'en mange qu'un, ça ne peut faire de mal à personne... Il ne faudrait, surtout pas dire trop de mal de l'une des rares économistes qui, près de deux siècles après John-Stuart Mill, est enfin capable de poser explicitement la question des limites qui s'imposent au système productif. Et de la poser, qui plus est, au cœur des plus grandes instances internationales. Malheureusement, rien ne prouve que le plancher décrété par cette économiste n'explose pas déjà le plafond qu'elle nous propose par ailleurs. En d'autres termes, rien n'assure que l'on puisse offrir à tous les humains ce minimum de confort dont profitent les classes moyennes des grandes démocraties.

Si les oignons font pleurer quand on les regarde de trop près, ils ont pourtant plus de goût que les donuts qu'on promet aux enfants gâtés. Kate Raworth assume le côté sucré de ses analyses, persuadée qu'on ne tirera pas les peuples nantis vers les problématiques de justice sociale et climatique sans leur mettre un peu l'eau à la bouche. Or, quitte à avoir les yeux qui piquent, il faut revenir sur notre oignon des activités productives en se demandant : quelle couche est essentielle, au fond ? Réponse : une seule, celle de l'extérieur. Toutes les autres, ou presque, ne reposent que sur la satisfaction des désirs situés au cœur de l'oignon.

Pourtant notre besoin de posséder des objets ou de pratiquer des loisirs qui nous définissent[67] peut être considéré comme vital. On doit à Abraham Maslow une présentation pyramidale des besoins qui fait florès sur les réseaux sociaux dès qu'on parle d'épanouissement personnel. A la base, on trouve les besoins essentiels et plus on monte dans la pyramide, plus les individus cherchent à satisfaire des besoins de reconnaissance et d'épanouissement. En fait, cette représentation est trompeuse, car le sommet n'a aucune raison de se trouver aussi loin de la base. Autrement dit : on peut chercher l'accomplissement de soi dans des besoins physiologiques. Quoi qu'il en soit, Maslow plaçait proche du sommet, juste en dessous de l'accomplissement de soi, la reconnaissance individuelle et l'appréciation des autres. Or, c'est essentiellement ce besoin que remplissent les consommations marchandes. Dans le monde capitaliste, toutes les activités générées par la grande machine à produire du plaisir donnent un sens à l'existence des

67 Comme le disait déjà Jean Baudrillard dans *La société de consommation*, dès 1970.

individus qui y participent. Une question mérite pourtant qu'on se la pose : et si on plaçait la dernière couche au centre de l'oignon ? Autrement dit, est-il fatalement impossible de grimper au sommet de la pyramide des besoins de Maslow, du côté de l'accomplissement de soi, si l'on ne satisfait que nos besoins essentiels ?

Depuis des siècles, des millions d'humains consacrent leur vie à une relation apaisée et nourrissante (physiquement et psychiquement) avec la nature. La surconsommation de ressources fossiles a privé la grande majorité d'entre eux de cette façon de vivre bien. Exclus des campagnes, les anciens ruraux ont cru à la promesse qu'en échange de leur participation à la surproduction de babioles[69] ils pourraient tirer un revenu nécessaire à l'achat de ces mêmes marchandises fétiches. Or, de nombreuses raisons aujourd'hui épidémiologiques, demain énergétiques, nous empêcheront de plus en plus de concentrer nos activités sur ce cœur industriel et divertissant.

Est-ce si grave ?

Dans ses "Perspectives pour mes petits-enfants", John Maynard Keynes avait calculé que quelques taux de croissance cumulés sur un demi-siècle devaient permettre de mettre tout le monde à l'abri du besoin avant un siècle. Si le calcul s'est avéré faux en raison d'un gaspillage éhonté et d'inégalités actuelles qui étaient inimaginables à son époque, la conclusion qu'il en tirait reste intéressante : que feront ceux qui n'auront plus rien à faire, une fois tous leurs besoins essentiels satisfaits ? Keynes, amoureux des arts, pensait que tout le monde n'étant pas artiste, le vieil Adam qui veut travailler en chacun de nous risquait de s'ennuyer ferme. Or il est peu probable que notre envie de travailler,

---

69 Le terme est du "bon" Adam Smith, celui qui était philosophe.

si elle n'a pas été trop mise à mal par des promesses techno-futuristes inconsidérées, soit déçue à l'avenir. Car remettre nos activités essentielles au centre de notre système productif, en traitant toutes les autres pour ce qu'elles sont, à savoir des activités de luxe, obligera à se recentrer sur des activités qui ont fait preuve de leur capacité à donner un sens à l'existence de ceux qui les pratiquent.

Le métier d'agriculteur, par exemple, n'est pas déprimant en soi. Comme de nombreux métiers utiles, c'est le plus beau métier du monde si on a le temps de bien le faire et si l'on dispose du savoir-faire et des moyens pour en faciliter l'exécution. Le temps, on l'aura si l'on quitte la pression productive qui vient de la mise en concurrence de tous les agriculteurs du monde et de leur soumission aux rythmes aliénants de la mécanisation et des stimulants artificiels (engrais, exploitations hors-sols, etc.).

Et ces conditions sont valables pour toutes les activités essentielles, celles qui consistent à s'alimenter, se loger, se soigner et s'instruire. C'est tout et c'est bien suffisant. Le reste n'a pas à être pris en charge par le marché. Car aller plus loin nous pousserait au-delà de nos moyens énergétiques, nous le savons. Et aller trop loin dans la mobilisation de l'énergie non humaine nous pousse au-delà de nos moyens psychiques : cela rend fou et insatisfait, comme trop de gens en ont désormais acquis la certitude dans les pays riches. L'économie du Donut nous propose d'aller aussi loin que possible dans un monde capitaliste soudain devenu juste et équitable par la simple magie du verbe. Mais il n'existe aucune raison valable de penser que si le capitalisme n'a pas réussi, sous la pression des mouvements sociaux, à mettre en place pendant deux siècles un partage vraiment égalitaire des ressources, il ne parviendra pas plus à le faire sous la menace d'une apocalypse climatique.

On peut toujours à loisir théoriser la justice sociale, c'est une autre affaire de l'imposer dans un monde où le pouvoir est laissé aux organisateurs d'un système qui se nourrit des inégalités. En revanche, si l'on organise démocratiquement le retour à un système qui consacre toutes ses ressources à ce qui permet de vivre (et pas d'occuper son temps de loisir comme on occupe des enfants gâtés) on retire aux uns leur capacité de nuisances et on donne à tous les autres les moyens d'avoir un travail ayant du sens et de retrouver les conditions d'une expérience de vie, non plus consommatrice mais productrice d'amour-propre et d'échanges enrichissants.

Voilà pourquoi la question du partage n'est pas la bonne. Car à quoi servirait-il de se partager une baleine si son dépeçage nous dégoûte ? Pourquoi pleurer sur l'inégalité des parts d'un gâteau nuisible ? Il est vain d'envisager le partage des nuisances. Et c'est pourquoi l'idée de bon sens selon laquelle « les richesses vont diminuer, donc il va falloir apprendre à les partager » ne me convient pas. Il faudrait plutôt dire : « Les ressources sont limitées donc il va falloir apprendre à nous passer de ce qui ne nous manquera pas vraiment ».

Bien sûr, pour tous ceux qui ne sauraient se passer des trophées offerts par la croissance économique, la décroissance ressemblera à une privation insoutenable, en mode « écologie punitive ». Pour beaucoup d'autres, il est possible que cela remette juste l'église au centre du village. La question du partage n'aura servi au fond qu'à donner quelques années de vie supplémentaires à ceux qui se nourrissent de la croissance du système et de la généralisation des activités marchandes.

Pour sa part, en faisant de son Donut le symbole de l'économie circulaire, Kate Raworth ne fait que recycler le capitalisme marchand en lui offrant quelques années de plus. Or, par la malédiction de l'effet-rebond, tout processus de réutilisation des déchets du monde marchand ne fera que justifier les prochaines prédations du système. Ces balafres aux écosystèmes ne sont pas si graves, dira-t-on, puisque leur processus de nettoyage est prévu dès leur écoconception ! On connaît la capacité de nuisances des systèmes de recyclage, à commencer par les microplastiques qui envahissent les organismes vivants quand les dérivés du pétrole deviennent, pour des raisons de croissance verte, la matière première "secondaire" en passe d'être la plus utilisée. Il y a une différence radicale entre le réemploi des déchets organiques par l'agroécologie et la fausse "économie" circulaire qui réutilise ad vitam aeternam les résidus du pétrole.

Les modèles économiques peuvent penser le partage des revenus, on l'a dit, mais ne peuvent pas intégrer une réduction volontaire de notre consommation, car tous les modèles reposent sur l'idée que même faible, la croissance nourrit les consommations futures. Pour les économistes, seule la hausse des prix peut inciter et provoquer une baisse de la consommation, et encore : tout dépend de l'élasticité de la demande des biens à leur prix. Si un bien ou un service est considéré comme essentiel, même le levier des prix ne suffit pas. Il devient alors inévitable de sortir de la logique marchande et d'organiser la réduction volontaire de la consommation. Pas pour la beauté du partage, mais parce qu'il faut le faire pour permettre la satisfaction de nos besoins essentiels.

L'humanité est si nombreuse qu'il sera impossible d'imposer de telles réductions à l'ensemble des habitants de la planète. Ceux qui ne voudront pas ou ne pourront pas réduire leurs destructions de ressources rares ne le feront pas, tout simplement. Et c'est pour cela qu'il ne s'agira pas d'un partage. Il nous faudra *cesser de produire et consommer* du superflu pour envoyer aux sociétés voisines et lointaines un message qui contredit exactement celui qu'on a patiemment élaboré et diffusé sur toute la planète avec l'aide des savants économistes : le bien-être est dans la frugalité choisie, pas dans l'abondance insensée[71].

En restreignant radicalement le champ de nos activités gourmandes en énergie mal utilisée, on ferait d'une pierre trois coups. On cesserait de créer des inégalités, on économiserait nos forces et on donnerait à tous les moyens de s'épanouir enfin. Coup de chance : on dispose de tous les moyens techniques, hérités de l'ancien système, pour rendre ce monde agréable à vivre. Un prochain candidat aux présidentielles nous proposera peut-être un jour de vivre dans ce Nouveau Monde, plutôt que de s'acharner à sauver l'ancien. Ou bien alors, il ou elle pensera, avec ses électeurs, que cette histoire d'oignon, ça n'est pas leur affaire.

Parce que changer les mentalités ne se décrète pas. Et parce que construire un monde meilleur, c'est un peu plus difficile que de se partager un donut, même parfumé à l'écologie.

Une chose est sûre : se préparer à penser et à vivre autrement nos activités économiques, ça n'est vraiment pas du gâteau.

---

71 Marshall Sahlins a montré avec talent, dès 1972, que les sociétés d'abondance ne sont pas celles que l'on croit. Ce sont celles qui restreignent leurs besoins en deçà des ressources environnementales disponibles. Cf. *Age de pierre, âge d'abondance – L'économie des sociétés primitives*, Folio Histoire.

Chapitre Dix
L'angoisse du grand bond en arrière

"Sator arepo tenet opera rotas"

Christopher Nolan est un auteur-réalisateur avec de bonnes idées. Pas sûr qu'il en fasse toujours de bons films. Ce constat est plus vrai que jamais pour sa grande production sortie à l'été de l'apocalyptique année 2020. Les spectateurs qui ne se seront pas endormis au bout d'une ou deux heures d'action sans mobile évident, ou qui n'auront pas quitté leur fauteuil avant la scène finale, auront été récompensés par la morale de ce palindrome étonnant. Car *Tenet*, comme son nom l'indique, est un palindrome qui se termine comme il a commencé.

Quand un mot peut se lire dans les deux sens, comme Laval, ou Tenet donc, on parle de palindrome. En rhétorique, quand une histoire se termine comme elle a commencé on parle plutôt d'épanadiplose, même si la symétrie n'est jamais aussi flagrante sur l'ensemble d'un discours qu'elle peut l'être visuellement dans un palindrome.

L'histoire de Tenet est constituée de telle manière qu'elle avance jusqu'à son milieu, puis fait demi-tour pour revenir à son début. Et c'est le personnage du méchant Sator, brillamment incarné par Kenneth Branagh, qui nous l'explique. Ayant compris que le monde courait à sa perte, il a entrepris d'imposer à l'humanité un retour en arrière fatal, qui causerait la disparition de la civilisation industrielle. Le processus se déclenchera au moment même du suicide de ce personnage désespéré, dont le plus grand regret est d'avoir mis au monde un fils qu'il décide de condamner, comme l'ensemble des êtres humains, à un retour vers un monde en régression constante.

En empêchant cette destruction de l'humanité, en provoquant son retour en arrière, il réalise un acte destiné à passer totalement inaperçu. C'est ce que l'on peut qualifier de prédiction autodestructrice, à savoir un évènement qui n'arrive pas parce qu'on a prévu qu'il devait advenir. En effet, c'est parce qu'il prévoit le pire que Sator met en marche le retour en arrière de l'histoire, afin de ne pas faire advenir un futur qu'il considère comme catastrophique. Ce que reprochent à Sator les héros du film est de ne pas laisser à l'humanité le choix de lutter contre l'effondrement de la civilisation à venir.

Cette question est précisément celle que l'on se pose de plus en plus à propos du phénomène du réchauffement climatique. Sans doute l'humanité est-elle actuellement au centre d'un palindrome qui a commencé par une longue période d'activité peu productive à base d'énergies renouvelables, qui est allée croissante jusqu'à aujourd'hui et qui risque d'ici quelques dizaines d'années, une fois la parenthèse des énergies fossiles refermée, de se prolonger durablement par une longue période de « retour en arrière » vers un monde sans énergies fossiles. Avec le recul, peut-être considérera-t-on le XXe siècle comme une expérience unique dans notre histoire : celle du capitalisme thermo-industriel permise par l'ère du charbon et du pétrole. Que la parenthèse se ferme d'elle-même par raréfaction des fossiles ou que nous la fermions nous-mêmes ne change rien au palindrome, même si cela aura une importance considérable sur la configuration du monde futur légué à nos descendants : car la vie sur terre sera devenue proprement invivable bien avant qu'on ait brûlé le dernier mètre cube de houille ou le dernier litre d'essence.

Mais voici la conséquence qui nous intéresse ici : le futur risque de ressembler de plus en plus au passé, sous l'angle en tout cas de l'accès à des sources d'énergie efficaces et « pilotables », comme disent les physiciens, c'est-à-dire utilisables à volonté à tout moment par n'importe qui, en raison de leur facilité à être transportées et transformées en énergie mécanique (moteur qui tourne, éclairage, chauffage, etc.). Ce type d'énergie existera toujours, puisque l'on sait produire de l'électricité et la transporter, mais comme il est physiquement impossible de le faire à l'échelle où l'on consomme les fossiles, le manque d'électricité ralentira sérieusement notre capacité à faire fonctionner toutes les machines qui animent notre quotidien.

Pour éviter un changement climatique destructeur de nos modes de vie, nous devrons donc savoir revenir en arrière, à l'époque préfossile, bien avant que nous brûlions tout le charbon et le pétrole disponibles. Nous devrons réapprendre à faire avec les seules énergies renouvelables, connues depuis longtemps et juste un peu mieux maîtrisées de nos jours. Au lieu d'en tirer une énergie mécanique « sur place », comme avec le moulin à vent, nous en tirons désormais de l'électricité qui est une énergie finale bien plus mobile (même si son « transport » n'est pas aussi simple que pour le pétrole).

Ce retour en arrière affole beaucoup de monde, mais pas pour les bonnes raisons. Car nous n'allons pas retomber dans les temps obscurs du Moyen-âge. La technologie ne se refuse pas facilement, les Amish eux-mêmes, qui utilisent des téléphones, le savent bien. Pour le pire comme pour le meilleur, les avancées de la science sont des acquis définitifs de l'humanité dont elle ne saurait plus se passer.

Dans la série romantico-fantastique *Outlander*, les héros se transportent dans le temps, trois siècles en arrière. Et ils sont désespérés de ne pouvoir profiter des bienfaits de la science et de la médecine. À tel point que l'héroïne, tombée amoureuse d'un Ecossais du XVIIIe siècle, conseille à sa fille de retourner dans le « présent » bien plus sûr de 1969. Tout le monde ferait le même choix, de nos jours, même les technophobes les plus enragés. Nous avons désormais les moyens de vivre dans un confort inégalé. Et pour les inquiets du COVID et de ses ravages, sans vouloir minimiser les conséquences historiques de ce coronavirus sur nos sociétés et sur leurs économies, il suffit de se plonger dans l'histoire des grandes épidémies (Peste, Variole, Tuberculose, Grippe espagnole, etc.) pour se dire que notre virus postmoderne n'entame pas beaucoup notre confort moderne, bien qu'il soit pénible à vivre et lent à éradiquer.

Le problème du retour en arrière qui nous attend est ailleurs : car tout ce que nous avons obtenu de la technologie, nous l'avons payé au prix de la perte de nombreux savoir-faire, à peine remplacés par nos compétences marchandes. Pour le dire vite, nous ne savons plus rien faire nous-mêmes. Subsistent juste (et il serait urgent d'en faire le décompte statistique, car ils vont être précieux à l'avenir) quelques artisans de bouche, cuisinières et cuisiniers capables de faire eux-mêmes, et souvent de bien meilleure façon, ce que l'industrie agroalimentaire fait pour tout le monde ; reste aussi quelques agriculteurs-jardiniers qui savent faire pousser tout ce qui pousse sans l'aide d'intrants chimiques ni même de machines thermiques de taille démesurée, quelques tailleurs-couturières capables de nous habiller avec des vêtements de belle qualité, sans compter quelques techniciens qui savent encore ouvrir et réparer un mécanisme technologique simple, voir le reproduire avec quelques outils élémentaires.

On le sait, la complexité des technologies modernes a rendu les individus démunis face à la somme des connaissances nécessaires pour la production d'un seul produit essentiel. Passer de la culture du coton au tissu imprimé qui en découle n'est pas l'affaire que d'une seule personne habile, mais plutôt de quelques dizaines associant leurs savoir-faire. Qu'importe : le problème est de savoir comment faire pour que toutes les communautés locales puissent à nouveau accéder à de tels savoir-faire et s'en emparer, quitte à les re-simplifier.

Cela devrait être le cas pour les savoir-faire médicaux également. Dans un monde aux ressources rares, on devrait pouvoir pratiquer à nouveau des actes médicalisés sans bouger de chez soi. C'est le cas en particulier des accouchements ou de certains actes de petite chirurgie. Tous les villages avaient autrefois des accoucheuses en charge des naissances. Avec des moyens dérisoires par rapport à ce que l'on possède aujourd'hui, l'humanité a toujours su mettre au monde les enfants. Certes, la mortalité infantile est presque nulle de nos jours dans notre société médicalisée, alors qu'elle était plus élevée avant l'hospitalisation des parturientes. Mais c'est aussi parce que les hôpitaux ont refusé aux sages-femmes les moyens qu'ils réservaient à leurs maternités et parce que les médecins trouvèrent plus confortable de faire venir à eux les femmes enceintes que d'aller les visiter à domicile[73].

Voilà à quoi ressemblera le grand bond en arrière : au fait que les communautés réapprennent à faire beaucoup de choses elles-mêmes. Il n'est pas inévitable que les savoir-faire soient tous accaparés par les entreprises marchandes. Depuis quelques années, par exemple, les gens ont réappris à faire leur pain (et parfois même leur farine), et y trouvent leur compte, économiquement et gustativement. Les jeunes se remettent à coudre ou à tricoter. Seul le prix des matières premières, maintenu très élevé pour des raisons à comprendre et à modifier, rend encore de telles activités trop marginales : le marché produit toujours pour moins

73 Je clos ce point trop vite, alors qu'il fera réagir : car il est symptomatique des progrès apparents et discutables de l'industrialisation de tout, y compris de la médecine. Il faudrait plus qu'un chapitre pour en discuter sérieusement.

cher que les gens eux-mêmes. Mais on sait pourquoi : le marché ne paie pas le coût des destructions irréversibles qu'il provoque et du capital naturel qu'il utilise.

Laissez-moi vous réexpliquer ce raisonnement que mes élèves aiment tant : quel est le prix d'une ressource rare et indispensable ? Dans un monde à la Mad Max, on sait quel est le prix du dernier litre d'essence : il est infini. Car la personne la plus riche du monde sera prête à donner tout ce qu'elle possède pour s'approprier cette ressource lui permettant de sauver la vie de son enfant (n'oubliez pas que, outre du chauffage, on fait même des médicaments avec des dérivés du pétrole). Voilà pour le dernier litre. Sachant que son prix est démesuré, combien serez-vous prêt à acheter l'avant-dernier litre ? Réponse : le même prix, puisque ça reste le dernier litre accessible avant celui qui sera à un prix inabordable. Remontez maintenant litre par litre jusqu'à nos jours et vous comprendrez combien on devrait payer notre essence : un prix démesuré !

Si tel était le cas, à quel prix le marché devrait-il nous proposer les milliers de biens (et services) qu'il nous « offre », comme disent les économistes ? A des prix insensés, qui justifieraient tous que l'on ferait bien mieux de tout faire nous-mêmes, en économisant l'énergie et les ressources rares. Mais pour cela, il nous manque justement les « compétences » que le marché nous a volées, que les familles ignorent en grande partie et que l'école ne transmet plus, car on n'enseigne plus aucun savoir pratique. Il fut un temps où les filles apprenaient à coudre et les garçons à transformer le bois et le fer. Sexistes, ces éducations ? En effet, mais admettez qu'on a jeté le bébé (des savoir-faire essentiels) avec l'eau du bain émancipateur. Hommes et femmes étant désormais dispensés de faire ce que le marché pouvait produire à leur place, ils n'ont plus comme seule préoccupation que de trouver un métier rémunérateur. Et ce, à n'importe quel prix. Y compris au prix du sens même de leur activité et du statut social qu'ils en retirent.

C'est ce que David Graeber a bien synthétisé dans son ouvrage Bullshit jobs. Nous en sommes au point d'accepter de faire n'importe quoi pourvu que cela nous rapporte de quoi acheter ce que nous sommes totalement incapables de faire nous-mêmes. La crise des confinements a rappelé à tous que de nombreux emplois dévalorisés et mal payés étaient tout à fait porteurs de sens : de nombreux ouvriers et employés, chauffeurs, agriculteurs, aides-soignants, dans de nombreux secteurs essentiels, savent plus que jamais pourquoi ils travaillent, à défaut d'en tirer une rémunération suffisante. En revanche, de nombreux cadres mis en télétravail ont compris la vacuité de leurs activités, si peu essentielles, si peu utiles, et dont l'arrêt immédiat ne mettrait la vie de personne en danger. Reste qu'il faut continuer à travailler, y compris pour ne rien faire d'utile, car ce sont des gagne-pains, un pain que l'on doit s'acheter tant qu'on ne sait pas le faire soi-même.

Bouclons la boucle, dans une ultime épanadiplose. Pour faire plus de choses soi-même, il nous manque une ressource que la société marchande et consumériste a rendue très rare : le temps. Tout notre temps est occupé par le marché, soit que l'on travaille pour alimenter la machine productrice, soit que l'on consomme les biens et services qu'elle nous fournit. Entre le temps de travail, des courses et des loisirs marchands, nous n'avons plus le temps de faire quoi que ce soit nous-mêmes. Il est là, le grand bond en arrière qui nous attend : il s'agira à l'avenir de dégager et de retrouver du temps, en travaillant moins pour produire des biens marchands, par une utilisation intelligente des machines et de l'énergie renouvelable, et en se préoccupant plus de faire nous-mêmes ce que nous n'aurons plus à acheter sur un marché[74].

« Mais on ne veut pas, on ne peut pas tout faire nous-mêmes ! » crient des milliers de petites voix dans les cerveaux de mes lecteurs. *« C'était mieux, avant, quand tout était offert sur un plateau ».* Enfin, quand *tout était donné à ceux qui avaient les moyens d'acheter* (ce qui est loin d'être une petite nuance, à l'échelle de l'humanité). Après le grand bond en arrière, nous saurons tous faire plus de choses et nous apprendrons tous à partager, en particulier nos savoir-faire et nos productions locales. Il le faudra si on veut cesser de faire venir de l'autre bout du pays ou de la planète des biens non essentiels destructeurs de ressources rares. Il va falloir remettre la main à la pâte ou dans le cambouis. Et ce faisant, on finira de faire tomber le pilier essentiel sur lequel reposent tous les mensonges de l'économie capitaliste, à savoir que les activités les plus rémunératrices sont les plus productives.

Car c'est faux : les activités les moins productives actuellement (au sens de *productivistes* comme au sens de *productives de valeur marchande*) sont en fait les plus essentielles. Nous devrons nous en réemparer, sortir de l'aliénation provoquée par deux siècles de capitalisme thermo-industriel. Cela signera sans doute le retour du sens donné à nos existences. « Pourquoi j'existe ? », la question posée dans nos films de superhéros déboussolés[75], trouvera enfin sa réponse pour des milliers de personnes : j'existe

---

74 Comme l'être humain a toujours été économe de sa propre énergie, à défaut de l'être avec l'énergie fossile, on verra sans doute les individus faire des produits à longue durée de vie, pour éviter d'avoir à les refaire sans cesse. Un avenir sans fossile est un avenir sans industrie de la mode, née du pétrole elle aussi.

75 C'est à peu près la question qui ouvre et ferme le *Spider-man* de Sam Raimi (2002). Et une épanadiplose de plus, une !

parce que je sais faire quelque chose qui est indispensable à mon existence ou à celle de mes proches.

Évidemment, les maraichers, éleveurs et autres agriculteurs sont les premiers concernés par ce retour à des activités essentielles qui dureront longtemps après qu'on aura renoncé à tous les fossiles. Christopher Nolan doit s'en douter, lui qui a mélangé une histoire de retour en arrière avec le "carré Sator" (le plus grand palindrome en latin, constitué de cinq mots de cinq lettres et dont le terme du milieu, "tenet" est lui-même un palindrome). Ces cinq mots parlent d'un agriculteur, ou d'un créateur, qui connaît les cycles, à savoir ce qui revient sans cesse. Le retour des saisons est la promesse que la fin du monde n'adviendra jamais.

Mais le grand bond en arrière, loin des fossiles qui détruisent notre environnement et hypothèquent notre avenir, je le souhaite de tout mon cœur à mes enfants et à mes élèves. Je les y prépare modestement, en leur transmettant tout ce que je connais, mais aussi tout ce que je sais faire et que je tiens moi-même des générations précédentes. Quand la parenthèse pétrolière se refermera, nos existences retrouveront leur sens profond. Ce sera un vrai bond en avant existentiel, un progrès qui commence aujourd'hui.

Nolan a bien raison : il n’y a vraiment aucune raison d’avoir peur du futur.

Verso 5
Les sirènes de la nouveauté

Dis Chérie, et si on n'achetait pas une nouvelle cuisine flambant neuve ?

Pendant que sur les réseaux sociaux je m'échine avec d'autres à imaginer le monde d'après et à chercher comment économiser les ressources rares, les affaires continuent bon an mal an.

Et comme je suis pour la première et je l'espère dernière fois de ma vie accédant à la propriété, je me trouve en situation de devoir refaire une cuisine délabrée. Les catalogues des cuisinistes me font les yeux doux, avec leurs modèles variés, leurs matériaux chatoyants et leurs palettes de couleurs toutes plus éblouissantes les unes que les autres ! Je suis le consommateur-roi : si je paye, le système détruira à ma demande toutes les ressources qu'il faudra pour me procurer une cuisine unique, et qui nous durera bien quelques années, une vingtaine même, à moins qu'on ne s'en lasse avant. Le système marchand est inattaquable : car c'est moi qui suis l'un des milliards de responsables de cette entreprise de destruction massive de ressources rares !

À côté de ça, quelques sites marchands de seconde main me font savoir qu'au lieu de les brûler, quelques voisins que je ne connais pas encore sont prêts à me revendre leurs anciens meubles ou buffets de cuisine pour trois fois rien, et pour un bilan carbone proche de zéro.

Alors, dis, Chérie, si on s'offrait une jolie cuisine dépareillée qui n'a pas d'équivalent sur les catalogues ? Et si on envisageait que certaines productions de biens voués à la destruction doivent être sérieusement réglementées ? Rappelle-moi, ça commence quand et où, le monde d'après ?

Chapitre Onze

Partager le travail pour ne plus l'émietter

L'expérience de la division du travail arrive peu à peu à son terme et on connait maintenant sa logique fatale : toutes décomposition du travail en gestes élémentaires simples et répétitifs aboutit inéluctablement à son transfert vers des machines ou des robots, toujours plus efficaces que nous quand il s'agit de répéter inlassablement les mêmes tâches. Y compris dans des domaines aussi inattendus que le tri des CV de plusieurs centaines de candidatures ou celui des analyses des résultats d'analyses biologiques. On l'a déjà dit : la division du travail est d'abord et avant tout productive parce qu'elle crée les conditions de l'introduction de capital à énergie non humaine dans le système productif. Ce processus délétère détruit le climat, les ressources et le psychisme humain qui se trouve dans l'incapacité de suivre le rythme des moteurs.

Il n'en est pas de même pour le partage du travail que je voudrais évoquer dans ce chapitre. En prenant bien soin, cependant, de lever une grosse ambiguïté : il n'est pas question de parler du partage du *temps de travail,* qui a fait rêver tant d'utopistes divers de toutes tendances politiques. Le partage du temps de travail fut l'obsession des générations convaincues que la prise en charge du travail humain par les machines était inéluctable et éternelle et que la question importante, à l'avenir, serait de savoir comment occuper son temps libéré par la grâce des énergies fossiles (ou nucléaires, pour ceux qui pensent que dans un délai raisonnable, on aura maîtrisé l'énergie de l'atome et qu'aucune contrainte en ressources supplémentaire ne viendra faire obstacle à une énergie abondante). Les machines ne nous libèreront de rien : elles ne feront désormais qu'aggraver le problème qu'elles ont paradoxalement créé en se présentant comme des solutions.

Nous allons donc évoquer ce qui se passerait dans un monde de moins en moins productif en raison d'une forte contrainte sur son approvisionnement en énergie. Dans un tel monde, ce n'est plus le partage du rare temps de travail qui sera le problème, mais le partage de l'abondant travail qu'il faudra de nouveau faire nous-mêmes. C'est cela qui deviendra la question centrale pour l'amélioration de l'organisation de nos sociétés. Ou qui, plus précisément, le redeviendra. Car on a déjà partagé le travail, par le passé.

Comment vivaient nos grands-parents ?

Mes grands-parents, nés tous les deux en 1902, n'ont manqué de rien, et leurs huit enfants non plus. Ils n'avaient pas grand-chose de ce que nous possédons, pourtant. Pas de micro-ondes, pas de rasoir ou de brosses à dents électrique, pas de robot à mouliner les légumes, pas d'ordinateur, bien sûr, ni de calculatrices super-performantes.

Mes grands-parents avaient des outils, en revanche. Un *outil*, c'est une *machine à énergie humaine*. Un tournevis est un outil, un fouet de cuisine aussi. Un vilebrequin ou une chignole également. Une perceuse, en revanche, est une machine. Et quand *une machine peut être programmée pour réaliser plusieurs tâches successives*, voir même pour contrôler l'efficacité de ses propres tâches, c'est un *robot*[76].

Mes grands-parents n'ont pas connu les robots. Pas sûr qu'ils les auraient appréciés. Car ils savaient faire beaucoup de choses par eux-mêmes et étaient fiers de ce qu'ils faisaient.

Ainsi, ma grande mère savait habiller ses enfants avec sa "machine" à coudre qui n'est devenue une vraie machine qu'après qu'elle a remplacé son modèle Singer à pédale par une machine électrique.

---

76 Donc le robot ménager n'en est pas vraiment un, sauf la machine à pain, si vous m'avez bien compris.

Mon grand-père a travaillé le bois jusqu'à ce que l'asthme, au grand âge, l'en empêche. J'ai encore chez moi l'un de ses meubles qui, si aucun incendie ne l'emporte, servira encore dans un siècle à l'un de mes descendants. Il avait aussi construit une grande partie de sa propre maison, aidé de quelques amis artisans.

Ensemble, à l'automne, il leur arrivait de tuer le cochon avec des gens du village, et tous repartaient avec une part du butin mis en conserve ou en terrine de charcuterie. Les pommes de l'année étaient entreposées dans une pièce sombre et fraîche dans laquelle j'aimais aller, au printemps, sentir l'odeur des derniers fruits pourris que ma grand-mère triait soigneusement. Elle savait aussi dépecer le lapin, dont elle cuisait le civet comme personne. Et par-dessus le marché, il lui arriva pendant la guerre, quand le cuir manquait, de faire pour ses enfants des gants avec la peau de l'animal.

Ce qu'ils savaient faire, mes grands-parents ne l'appelaient pas des "compétences". C'est un terme inventé par les économistes pour l'appliquer à des gens qui ne savent pas faire grand-chose et qui doivent tout apprendre. L'économie marchande a créé des qualifications, auxquelles peut être associée (par convention) une certaine productivité qui justifie le salaire. A qualification élevée, salaire élevé, comme le veut le mensonge de la productivité. On remarquera que depuis quelques années (et plus que jamais dans la dernière réforme) l'école ne transmet plus de « savoirs », ni même de « savoir-faire ». Elle transmet des compétences, et c'est ce que la plupart des familles attendent car elles savent que ces compétences ont une valeur marchande. Par exemple, dans la nouvelle épreuve du grand oral, il n'est pas question de connaissances acquises et transmises, ou d'exercice d'un quelconque esprit critique ou d'une capacité à raisonner logiquement. Il s'agit de faire la preuve de « compétences langagières, d'argumentation et d'éloquence ». Car ce sont ces compétences qui permettront au futur salarié de se vendre sur le marché du travail. Pourquoi lui transmettre autre chose ? Même le savoir-être est de peu d'importance, s'il n'est pas un comportement ayant une certaine valeur marchande. Ma grand-mère était une conteuse exceptionnelle : où donc avait-elle acquis cette « compétence » ? Nulle part. C'était un savoir-faire utile, un ensemble de dons qui se transmettaient en famille de façon assez aléatoire et mystérieuse.

Nos grands-parents *faisaient*, c'est tout, parce que chez eux, tout le monde savait faire ce qu'il fallait « savoir faire » pour répondre à ses besoins. Qu'ils n'appelaient pas des besoins, non plus. C'est un mot de plus, inventé par les économistes. Il n'y avait pas de termes pour parler de ce que les gens doivent faire pour vivre... parce que c'est la vie. Ni désir, ni besoin, de faire un meuble ou des pâtés de canard : on les fait parce que c'est ce que l'on peut faire de mieux pour vivre bien.

Que s'est-il passé depuis ? Le système marchand s'est accaparé le monopole de la production de tout ce dont nous avons besoin, en confisquant au passage les savoir-faire nécessaires pour les réaliser. Les savoir-faire ont été transformés en qualifications et compétences appropriables par le marché et par la technologie. On peut appeler cela une perte d'autonomie, qui est exactement à l'opposé de *l'empowerment* déjà évoqué. Quelque chose de très proche de l'idée d'*aliénation* chère à Marx. Un aliéné mental ne possède plus son esprit (qui lui est étranger, comme le dit le mot "alien" en anglais). De la même façon, un consommateur de masse ne possède plus aucune compétence. Alors il court après l'argent, condition première pour se procurer tout ce qui lui manque. Car il lui manque tout. De ce point de vue, les innovations ont engendré une immense *création destructrice*, pour parodier la notion préférée des schumpétériens.

Quand je dis que mes grands-parents ne manquaient de rien, c'est bien sûr parce qu'ils se contentaient de peu. Par exemple, ils ont très peu voyagé, y compris pour visiter leurs enfants et petits-enfants répartis aux quatre coins de la France et même outre-Manche. Ils étaient pourtant curieux du monde, mais ils le visitaient au travers de leurs lectures ou des reportages du Commandant Cousteau à la télévision.

Ils n'étaient surtout pas du tout sensibles aux effets de mode, car autour d'eux, personne ne perdait de temps en narcissisme esthétique. On était propre et habillé chaudement en hiver et légèrement en été. *What else*[77] *?*

Dans un monde en décroissance forcée, regarder un peu en arrière est plutôt rassurant. Car nos aînés nous ont prouvé qu'on peut vivre avec l'essentiel sans se rendre malade. Se priver de babioles distrayantes que l'on renouvelle sans cesse n'a rien d'une obligation anthropologique : l'humanité a passé jusqu'à présent plus de temps sans renouveler en permanence son stock de biens inutiles qu'en cherchant à tout prix à posséder des choses ou à consommer des services inessentiels.

L'autre nouvelle, plus rassurante encore, porte sur le génie humain. La civilisation thermo-industrielle ne nous a pas rendus plus malins ou innovateurs, contrairement à ce qu'affirment les économistes schumpétériens. Les anthropologues, depuis Claude Lévi-Strauss, ont mis en évidence l'ingéniosité des sociétés et des cultures premières, et leur complexité. Mais pas moins non plus. L'ingéniosité de nos ancêtres était considérable. Notre seule présence sur terre en est la preuve : l'humanité a su faire

77 Le coup de génie publicitaire de Nespresso est de faire croire que se faire un café en détruisant des ressources rares non recyclables est un besoin essentiel et suffisant : en effet, de quoi a-t-on besoin pour vivre, à part d'un bon café ? D'à peu près tout, en fait.

face à tous les cataclysmes, toutes les épreuves que la nature naturelle ou la nature humaine lui a fait subir.

Nos ancêtres avaient appris à vivre avec ce qu'on leur donnait, en transformant leur environnement dans la limite de leurs moyens musculaires ou de l'énergie animale. Pour cela, ils faisaient preuve d'une belle ingéniosité. Il leur en aura fallu du temps pour comprendre les vertus des minéraux, des végétaux et des animaux qui nous entourent.

Or, par un excès de puissance mal placé, et à l'aide de la manipulation des atomes, l'être humain a réussi à faire tout produire par des machines dont nous sommes devenus les simples assistants. Nos grands-parents savaient *faire*, nous ne savons que *faire faire*.

De surcroit, et c'est la deuxième bonne nouvelle quand on regarde en arrière, notre ingéniosité ancestrale n'a pas disparu, elle n'a pas été effacée par deux siècles de marchandisation industrielle de nos activités. Cette dernière nous laisse son propre héritage. Nous savons mieux que jamais quelles sont les propriétés de la matière. Nous savons tirer des ressources nouvelles à partir de matières premières inattendues. Nous savons diagnostiquer et soigner des maladies qui décimaient les enfants, et réparer le corps des femmes après des accouchements difficiles. Nous savons transporter l'information en temps réel, notre puissance de calcul nous permet des réalisations somptueuses et ingénieuses. Nous savons modifier notre environnement comme jamais. Certes, nous le faisons parfois en dépit du bon sens. Mais si nous parvenions à le faire sans débauche de consommation énergétique et en ayant à l'esprit les conséquences de nos réalisations humaines, nous pourrions vivre encore mieux que nos grands-parents.

Car leur vie était laborieuse. Les activités peu productives, à savoir celles qui utilisent moins de robots que d'outils, nécessitent du temps. Avec un peu de jugeote (une qualité humaine qui ne s'use que si on ne s'en sert pas), on devrait parvenir à faire au moins aussi bien que nos grands-parents. Ce ne sera pas forcément facile (moins que de commander un menu au McDo) mais ce sera certainement passionnant.

Se réapproprier nos outils

Ce qui sera long, également, ce sera de se réapproprier les savoir-faire disparus. Car c'est dans ce domaine que la création innovatrice a été la plus destructrice, comme l'avait anticipé Jacques Ellul dès 1952. Ce grand penseur des conséquences de la technique sur nos sociétés avait vu loin. Il écrivait en 1977 : *« Les Chinois s'évertuent, en croyant être originaux, à reproduire exactement les conditions de la croissance technicienne (...) La Chine deviendra une société technicienne exactement comparable aux autres car, redisons-le sans cesse, le système technicien porte en lui un ensemble de conditions et de conséquences toujours identiques. (...) Quand on entre dans cette voie, de concurrence technique, obligatoirement on adopte tout le système »*. C'est ce qu'il nommait le caractère d'universalité de la technique. *« Lorsqu'un procédé technique entre dans un domaine nouveau, il y rencontre des manières de faire anciennes datant de la période prétechnicienne. Elles tendent à être éliminées, car rien ne peut entrer en concurrence avec le moyen technique »*. Il ajoutait (il y a plus de 40 ans !) : *« Nous sommes actuellement au stade d'évolution historique d'élimination de tout ce qui n'est pas technique[78] »*. Et ce qui n'est pas technique, c'est le savoir-faire volé par les machines hyper productives.

---

78 Jacques Ellul, *Le système technicien*, Calmann-Lévy, 1977. À lire impérativement par tous les luddites en herbe qui ne supportent pas la domination des outils techniques sur nos existences.

Heureusement pour nous, même si le mouvement prévu par Jacques Ellul a bien eu lieu et se poursuit encore de nos jours, on observe actuellement un mouvement confidentiel mais déterminé à retrouver des savoir-faire. Et bien sûr, on pourra même partager le travail. Ce qui ne serait pas la plus mauvaise façon de rendre hommage au premier Smith, celui de la Théorie des Sentiments Moraux. Car il s'agira moins de revenir à une logique productiviste que de renouer avec des sentiments altruistes et collaboratifs, dont Smith disait en incipit : *« Aussi égoïste que l'on puisse supposer l'homme, sa nature comporte apparemment des principes qui font qu'il s'intéresse à la fortune des autres, et qui lui rendent leur bonheur nécessaire bien qu'il n'en tire rien d'autre que le plaisir de le voir*[79] *»*.

Nous serons donc libres de ne pas suivre nos grands-parents dans leur vision parfois étriquée ou fataliste du monde. Non, la cuisine n'est pas le domaine réservé des femmes et l'établi celui des hommes, comme nous le verrons au prochain chapitre. Non, on n'est pas obligé d'avoir froid ou d'avoir mal au cours de sa vie. Il n'y a rien de noble dans la souffrance humaine, et il n'y a aucun paradis à gagner en trimant comme un forcené. Le droit au plaisir et à la paresse reste une conquête humaine inaliénable, même après que la civilisation qui ne promettait que du plaisir sera passée pour de bon.

Enfin, dans un monde où il y aura de nouveau tant à faire, chacun pourra contribuer à l'ouvrage collectif comme il le peut, voire ne rien faire par moments ou définitivement s'il (ou elle) en est totalement empêché, ce que nos ancêtres

---

79 Ce grand écart entre le Adam Smith fondateur des sciences économiques qui valorisa la cupidité et l'égoïsme court-termiste et le Adam Smith philosophe, convaincu que chacun est tenu de se comporter comme si un spectateur impartial jugeait chacun de ses actes, a été nommé le « problème Adam Smith ». Un paradoxe non encore résolu, mais humain, tellement humain.

avaient mieux compris que nous, nous qui avons isolé et exclu les improductifs quand le productivisme est devenu la mesure de toutes les choses.

Finalement, mes grands-parents étaient-ils riches ? Oh oui, et même triplement. Car qu'est-ce qui faisait leur richesse ? D'abord leur terre, reçue en héritage et sur laquelle ils se sont installés à l'heure de leur retraite. Ensuite, la pension de mon grand-père, ancien clerc de notaire, leur a permis de payer leurs charges fixes et leurs impôts. Mais tout le reste était mis de côté. Car c'est de la production non marchande faite tous les jours qu'ils tiraient l'essentiel des biens et des services nécessaires.

Mon grand-père aurait refusé d'augmenter sa facture électrique pour installer des stores automatiques. Fermer les volets à la nuit tombée et les ouvrir au matin, mettre les draps à la fenêtre pour les assainir n'était pas une corvée : c'était ce qu'il fallait faire pour entretenir la maison à moindre coût. Nous réclamions à cor et à cri une piscine de jardin, des jeux et une télévision pour les enfants. Mon grand-père pensait que nous pouvions nous passer de tout cela pendant les vacances. Il avait bien raison.

Pendant plus de trente ans, mon grand-père a ainsi mis de côté l'essentiel de sa retraite. Spéculateur prudent il faisait des placements de bon père de famille et me demandait, puisque j'étais le jeune économiste de la famille, de lui expliquer la hausse vertigineuse des cours boursiers qu'on a vu décoller à partir des années 80. Je lui parlais d'offre et de demande, de désintermédiation bancaire, de finance directe mais lui ne comprenait qu'une chose : sa petite épargne de retraité flambait avec les indices financiers. À tel point qu'il a légué une petite fortune à ses huit enfants qui, comme souvent, ont eu du mal à partager sereinement un tel pactole.

La leçon est la suivante, pour qui est curieux de l'entendre : quand on parle de décroissance, il faut parler de démarchandisation de nos activités. En faisant nous-mêmes l'essentiel des activités qui couvrent nos besoins et en réduisant nos besoins, on a moins besoin d'argent. Donc moins besoin de temps de travail rémunéré. Ce qui tombe très bien parce qu'on a besoin de plus de temps de travail non marchand, le très décrié travail domestique, celui qu'on fait chez soi et pour soi.

Il faut que le ménage soit fait

Même si certains couples se débarrassent du problème en laissant la poussière et la vaisselle sale envahir la maison, il faut que quelqu'un réalise les tâches ménagères. Or peu de gens aiment se coltiner ce travail de Sisyphe, cette corvée herculéenne qui consiste à nettoyer des écuries pas forcément aussi sales que celles d'Augias, mais pas plus intéressantes à décrasser. La tentation est grande de demander au système productif marchand, une fois de plus, de nous débarrasser de ces tâches ingrates. Certes, cuisiner est toujours assez valorisant, même si ma grand-mère se désolait régulièrement du déséquilibre flagrant entre le temps passé pour préparer à manger, mettre et débarrasser la cuisine et celui passé par ses enfants à liquider le contenu de leurs assiettes ! Sans même chercher à plaider pour le retour à une économie rurale préindustrielle, il faut comprendre ce que la marchandisation de nos activités a eu comme impact sur notre qualité de vie.

Imaginez-vous dans la peau d'un riche bourgeois flanqué d'une armée de domestiques. Vous avez la possibilité de leur demander de produire une grande partie des produits alimentaires frais que vous voulez manger, et de les cultiver sans pesticides aucuns. Vous pouvez également leur demander aux beaux jours de transformer et de mettre en réserve (en bocaux de préférence plutôt qu'en surgelés, consommateurs insatiables d'énergie électrique) tous les produits de saison. Ce faisant, vous n'avez plus besoin de faire venir à grand renfort de ressources fossiles, pendant les mois d'hiver, des fruits et des légumes exotiques. Et vous mangez sain toute l'année. Bien sûr, votre cuisinier (ou son commis) fait un pain savoureux, non standardisé et non relevé avec des exhausteurs de goût, issu de farines produites avec le blé de votre région (car toutes les régions de France ou presque savent faire du blé).

Vous imaginez-vous dans la peau de ce grand bourgeois ? En raison de la faible distance parcourue par vos biens alimentaires, le bilan carbone de vos besoins en nourriture est relativement faible, sans être nul. Il reste à embaucher aux champs suffisamment de monde pour mettre à la casse les machines agricoles. Vous y êtes ?

Et bien voilà ! Vous venez de créer un nombre considérable d'emplois non marchands. Si vous réunissez suffisamment de monde pour jouer le rôle des gens de maison et si vous assurez vous-même une partie du travail, vous venez de redécouvrir comment faire les choses soi-même et quel plaisir en tirer. Vous venez de mettre un pied dans la décroissance. En héritant au passage de quelques autres problèmes annexes.

Car peut-être n'avez-vous aucun plaisir à faire vous-même à manger ni à passer à table ? Soit. Mais il n'est pas la peine de convoquer pour autant une armée industrielle qui vous fera des plats préparés à l'avance, bourrés de conservateurs. Mangez simple et vite quelques choses saines, et consacrez le reste de votre temps à autre chose. Mais ne réclamez plus de ces charcuteries vite faites pleines de nitrites dont les industriels du cochon ont réussi à imposer qu'ils soient la seule forme de salaison[80], et dont la multiplication n'est pas sans rapport avec l'explosion des cancers colorectaux. Cessez de manger la sauce tomate

80 On pourra lire avec délectation *Cochonneries : comment la charcuterie est devenue un poison*, de Guillaume Coudray, La découverte, 2017.

venue de Chine et littéralement désinfectée avec des produits que vous n'utiliseriez pas pour laver vos sols tant ils sont agressifs[81]. Oubliez les portions individuelles qu'on vous vend à grand renfort d'emballages jetables qui sont autant de ressources détruites à jamais.

Vous ne voulez pas revivre à la manière de nos grands-parents, avec une nourriture goûteuse, de saison, et respectueuse de l'environnement, la listériose en moins ? C'est votre choix. De nombreux pays l'ont déjà fait depuis longtemps, et finissent par le payer en espérance de vie, à commencer par les États-Unis d'Amérique.

Si, en revanche, la nostalgie des plats faits maison vous gagne de plus en plus souvent, il va falloir que vous ayons une petite discussion, vous et moi. Avez-vous les moyens de vous payer une telle horde de domestiques ? Si la réponse est oui, c'est que vous prenez déjà plus que votre part dans les ressources disponibles. Il sera sage de les rendre à la collectivité. Ou d'embaucher de façon marchande et bien payée toutes ces aides à domicile qui travailleront à votre place. Après tout, un domestique aussi bien payé que son maître reste-t-il un domestique ?

Si vous n'êtes pas aussi riche que cela, pourquoi ne pas comprendre que la seule façon de vivre de la même façon est de faire vous-même ce que le marché est en fait incapable de vous fournir sans polluer ni détruire ? Ça prend du temps et des savoir-faire que vous n'avez pas ? C'est vrai, et vous n'y êtes pour rien. Mais le temps, ça se libère, et les savoir-faire, ça s'acquiert.

Pour libérer du temps, il faut cesser de vouloir ce qui est destructeur de ressources rares. Vous voulez la liste ? Elle est très longue et très déprimante car il y a dessus tant de choses que vous aimiez faire ! Des allers-retours à la mer

---

81 Lire ou voir le documentaire *L'Empire de l'or rouge, enquête mondiale sur la tomate d'industrie*, Fayard, 2017.

ou à la montagne pour « prendre l'air », par exemple. Car en allant le prendre, cet air, vous ne pouvez que le polluer avec votre véhicule familial ou sportif. *Posez-vous à un endroit qui vous plaît et restez-y*[82] ! Du temps, vous pouvez même en libérer en cessant d'en perdre à choisir, parmi des milliers de références commerciales, les produits qui feront votre bonheur, ou qui en feront office. Pensez-y, l'alternative est la suivante : vivre bien en faisant soi-même ou vivre mal pour se procurer des biens et des services dont on sait avec certitude qu'ils dégradent notre environnement et le rendent à coup sûr invivable.

Au fait, pour quelle raison ce que je fais moi-même serait-il moins destructeur de ressources que ce que fait l'industrie en plus grande quantité ? N'y a-t-il pas des économies d'échelle à réaliser en produisant beaucoup de produits d'un coup, plutôt qu'en refaisant chacun tout ce dont on a besoin chez soi ? Pour une raison simple, qui est justement qu'on ne peut pas tout faire soi-même. Et que pour cette raison on fait beaucoup moins, dans ces conditions. C'est l'anti-effet-rebond, que François Schneider propose de nommer l'effet-débond[83]. En revanche, si on fait beaucoup moins quand on fait soi-même, on fait vraiment ce qui nous convient.

Avez-vous réfléchi au choix qui s'offre à vous quand vous entrez dans un magasin ? C'est celui de choisir entre tous les produits qui sont là, fussent-ils des milliers ! Or, il ne faut pas sous-estimer la capacité du système marchand à vous vendre ce qu'il veut. Nous en faisons l'expérience tous les jours, ou presque. Un modèle bien exposé est celui qui

---

82 J'ai hésité à écrire cette phrase qui sonne comme une assignation à résidence. Elle a des relents d'attachement territorial qui sentent le chauvinisme guerrier et le programme du Rassemblement National. Mais nous prendrons le temps d'un autre chapitre pour démonter l'accusation de réactionnaires dont on accable les décroissancistes.
83 François Schneider, La décroissance, La découverte, 2012

se vend le plus, c'est automatique. Et ça se comprend. Car devant tant de « choix » apparent, la solution la plus simple pour le consommateur est de prendre le produit qu'on lui conseille, celui que justement le vendeur a déjà chez lui. La technique est vieille comme les VRP, ces vendeurs à domicile dont les Américains ont fait un symbole des héros du capitalisme populaire. Le choix marchand, c'est l'illusion de la liberté, comme l'avait très bien montré John K. Galbraith dans Le nouvel Etat industriel : *« Il est possible que les gens aient besoin de croire qu'ils ne sont pas manœuvrés pour pouvoir l'être effectivement »*, écrivait-il dans son fameux chapitre sur la filière inversée. Car dans le système marchand, le consommateur-roi inventé par les économistes n'existe pas. Il n'y a pas de liberté dans le choix contraint par un système productif qui fait ce qu'il veut. Pas de liberté non plus de ne pas choisir de vivre avec la technique, disait Jacques Ellul : *« Il n'y a absolument aucune liberté de choix »,* en matière de technique, car il n'est pas possible de revenir au point où la technique n'existait pas et de *« modifier le processus à son origine »*. C'est à vous de vous soumettre à ce système complexe, ou à en être exclu.

Certes, vous êtes toujours libre de quitter le magasin si vous n'y trouvez pas votre bonheur. Mais croire que le bonheur est dans les mains d'un autre fournisseur est une illusion : car c'est vous qui ferez son bonheur, d'une façon ou d'une autre.

Démarchandiser le monde, c'est faire ce qu'on veut, avec les moyens du bord. C'est reprendre les rênes de nos existences, autant que faire se peut. Car tout n'a pas vocation à être fait par soi-même, bien sûr, mais vous seriez étonné, si vous n'y avez pas encore réfléchi, de tout ce qui peut être fabriqué à domicile. De nombreux consommateurs bien informés sont en train de s'en apercevoir, à en croire le succès des ouvrages qui proposent de « faire tout » soi-même.

Mais les questions suivantes vous brûlent peut-être les lèvres : *sommes-nous condamnés, à l'avenir, à être autosuffisants dans des communautés villageoises repliées sur elles-mêmes ? Seraient-ce les Amishs, notre seul modèle ?* Non, certes. Il est possible, et sûrement souhaitable, d'échanger encore. Mais autrement.

L'économie non marchande se débarrasse en premier lieu du profit né de la marchandise, et qui pousse à la surexploitation des ressources et des travailleurs. Mais l'économie non marchande est largement aussi coopérative que le système marchand qui parcellise le travail au point de le mettre en miettes. Débarrassée de la concurrence, elle est même *plus coopérative encore*[84].

Vous souhaitez diviser le travail, comme le suggérait Adam Smith ? Quelle excellente idée ! Mais vous allez désormais le partager. Pas pour être plus productif et améliorer les profits : juste pour tirer le meilleur du potentiel de chacun. Personne n'est un monde à lui seul, personne n'est une île. Nous faisons ensemble ce que nous faisons. Si quelqu'un aime faire son pain, il rêve souvent de l'offrir à ceux qui lui fourniront ses salades et ses légumes. Smith savait que la coopération est plus productive que la concurrence et c'est de cela qu'il parlait à propos de division du travail (une notion reprise et développée par le fondateur de la sociologie française, Emile Durkheim, à propos des sociétés et des formes de solidarité).

Il n'est pas difficile de comprendre ce que la concurrence casse et détruit. Schumpeter lui-même décrivait la concurrence comme une « course au clocher », cette épreuve villageoise dans laquelle tous les moyens étaient

---

84 Voir Pablo Servigne et Gauthier Chapelle, *L'entraide, l'autre loi de la jungle*, Les liens qui libèrent, 2017,

bons pour que les jeunes rivaux arrivent en premier au centre du village. Il voulait dire par là que la concurrence mène au pire. Deux siècles de capitalisme marchand l'ont prouvé. L'émulation ? Ça stimule les êtres humains depuis toujours, mais on n'est pas obligé de prendre l'accumulation de monnaie comme indicateur de réussite. L'onctuosité d'un gratin de pâtes est largement suffisante pour approcher l'idée de perfection, comme la régularité de la taille d'une haie ou la symétrie des plis d'une chemise bien repassée.

La décroissance marchande, ce n'est certainement pas le rêve de moins (ou de moins bien) travailler, qu'on se rassure. La société oisive, c'est un rêve de classe dominante qui délègue son travail à des esclaves humains, fussent-ils domestiques, ou à ces esclaves mécaniques que sont les machines. Que les uns ou les autres manquent à l'appel, et il faudra reprendre nos outils pour faire le boulot.

Envie de ne rien faire ? Réduisez vos besoins !

Margaret Thatcher avait convoqué ce vieux précepte biblique selon lequel *"Celui qui ne veut pas travailler, qu'il ne mange pas*[85]*"*. Elle justifiait par-là que les chômeurs soient mis au travail forcé. C'était une vision individualiste du chômage, qui cherchait à rendre les chômeurs responsables de leur situation. Mais quand tout est marchand, il faut que la société procure un emploi à tous, sinon elle empêche certains d'accéder à des revenus indispensables pour satisfaire leurs besoins. Dans une société en grande partie démarchandisée, la nécessité d'accumuler des revenus est moindre. Mais il faut toujours travailler pour "gagner" son pain, même quand on le fait soi-même. Car "*les choses ne se font pas toutes seules*", disait ma grand-mère.

---

85 Verset de Saint Paul dans le Nouveau Testament (deuxième épître aux Thessaloniciens, chapitre 3, verset 10)

On voit souvent les enfants, victimes d'une socialisation imbibée (malgré moi) de principes marchands, se priver de beaucoup de choses au motif que c'était trop fatigant à faire soi-même. Les enfants gâtés du marché refusent de faire quoi que ce soit par eux-mêmes. Ils sont juste prêts à fournir assez d'efforts pour gagner ce fichu argent qui leur permettra d'obtenir, sans dépenser aucune énergie supplémentaire, ce qui aura nécessité celle des autres, travailleurs ou machines.

Les rêves d'orientation professionnelle de mes élèves sont symptomatiques : très peu rêvent de savoir faire quelque chose qui leur permettrait directement de satisfaire un besoin particulier. En revanche, tous cherchent le métier qui leur procurera le plus d'argent possible, pour le moindre effort fourni. Ils cherchent les compétences qui rapportent, plutôt que d'acquérir des savoir-faire qui enrichissent. Et si les qualifications sont difficiles à obtenir, trouver un moyen de « faire » de l'argent fera l'affaire. *« Je cherche une petite combine pour faire des sous / Beaucoup, beaucoup, beaucoup, beaucoup*[86] *»*, chantait Nino Ferrer avec toute l'ironie dont il était capable. C'est devenu depuis les Trente Glorieuses un rêve universel. Une artiste venue animer des débats philosophiques avec ma classe de seconde à Vitry-sur-Seine avait osé affirmer que la recherche d'argent n'était pas un objectif de vie intéressant, selon elle. La discussion s'est animée instantanément, certains de mes élèves se mettant presque en colère face à une telle affirmation.

Qu'on me comprenne bien : il faut être très fou (ou très très sage) pour ne pas chercher à avoir de l'argent dans un système marchand. Car sans argent, tout manque. Mais

---

86 Dans « Je cherche une petite fille » (1967). Nino Ferrer est aussi le premier artiste à avoir profité de sa grande audience pour dénoncer les rejets d'hydroxyde sulfuré par les industries chimiques (dans « La maison près de la fontaine », en 1972).

dans un système non marchand, il est possible avec peu, d'avoir beaucoup. Il ne s'agit pas de faire plus de pain avec moins de farine, comme le dit joliment Paul Ariès pour critiquer les défenseurs de la croissance verte, ces « magiciens de la croissance » persuadés que les innovations permettront jusqu'à la fin des temps de faire plus avec moins. On parle ici du fait qu'en se procurant des matières premières peu coûteuses (ou disponibles sur place) et en sachant les transformer, on peut faire croître les quantités consommées en les adaptant à son goût et à ses besoins. Certes, cela demande de prendre sur soi. Mais si vous désirez quelque chose profondément, une chose qui ne s'achète pas, vous le ferez, non ?

L'idée essentielle qui devrait faire son chemin dans nos esprits est qu'il existe un espace possible entre le monde marchand hyper-productif et le monde de l'inactivité forcé et de l'exclusion sociale. La marchandisation du monde a convaincu les habitants des pays capitalistes qu'il n'existe pas d'autre voie possible, que c'est la seule alternative. Et l'espace du non marchand a été réservé à la vie associative créatrice de liens sociaux mais incapable de répondre aux besoins matériels essentiels des populations. Le marché s'occupe des choses sérieuses et l'économie sociale et solidaire lui donne un supplément d'âme. Il faut réenchanter le monde non marchand et le placer au cœur de nos existences. En le débarrassant des oripeaux de la vie difficile de nos ancêtres, qui n'en finissaient plus de solder les héritages des guerres menées par leurs propres parents.

Pourquoi ont-ils tué Jaurès ?

Pour Jacques Brel, le mode de vie de ses grands-parents restait un mystère à éclaircir. La noirceur de leur monde fait de non-dits et de guerres successives révulsait cet artiste. André Gide et tant d'autres ont rejeté ces familles patriarcales refermées sur elles-mêmes[87]. Il aura fallu du temps pour sortir les individus de leur carcan familial étouffant. Mais comme François de Singly l'a fort bien montré, les familles ne sont pas condamnées à étouffer leurs membres. Il est possible d'être « libre ensemble[88] ». Les familles restent le lieu premier de la transmission et de la vie commune. Elle est désormais plus « élective », c'est-à-dire plus souvent composée de membres qui se choisissent, même si chacun doit faire avec les parents et les enfants que le destin lui a donné.

Dans Cinoche et Société, on a vu combien les films à succès reposent sur cette place essentielle de la famille dans la vie sociale. Une actrice française assez âgée, qui voulait sans doute passer pour plus jeune que son auditoire, déclarait récemment que la famille est une organisation dépassée, et que l'essentiel est de vivre libre et sans entraves, comme elle le fit avec son mari. Mais quelques minutes avant d'affirmer cela, elle rendait un hommage appuyé à ses parents à qui elle doit tant. Personne, ni elle ni son mari ne peut vivre sans famille[89]. Mais ceux qui en expriment la nostalgie passent pour n'avoir jamais eu le courage de quitter le nid.

Pablo Servigne, le théoricien du courant français de collapsologie, ne cesse de répéter que nous vivons dans des sociétés adolescentes, qui n'en finissent plus de se croire immortelles. Il pourrait ajouter qu'elles ne cessent aussi de vouloir « tuer la figure du père », qui risquerait de poser des

---

87 Dans le fameux extrait des *Nourritures terrestres* (1897) :
« Familles ! je vous hais ! Foyers clos ; portes refermées ; possessions jalouses du bonheur ».

88 *Libre ensemble, L'individualisme dans la vie commune*, Armand Colin, 2000

89 Macha Méril a été la dernière épouse de Michel Legrand qui vivait sans attaches et a obtenu vers la fin de sa vie d'être libéré de ses liens d'allégeance envers la France.

limites à des individus qui se font une gloire de montrer qu'ils peuvent toutes les franchir. Or l'histoire de l'humanité en est arrivée au point où nous comprenons enfin qu'il est temps de mûrir et d'accepter de vivre avec nos limites et celles de notre environnement.

Nos grands-parents n'étaient pas parfaits, loin de là. Mais ils avaient le sens des limites pour leur vie quotidienne. Si l'humanité n'avait pas eu une telle capacité à ne pas aller trop loin, elle ne se serait pas reproduite pendant tant de siècles sans mettre son existence en danger. Certes, l'histoire des hommes est une histoire de guerres fratricides, mais notre façon de nous inscrire dans nos environnements consistait à en faire partie, tout simplement, pas à nous en détacher. « On ne se détache pas du tout dont on fait partie », me disait récemment un voisin philosophe. Tout ce dont j'ai besoin, me disait-il, est extérieur à moi : l'air que je respire, la nourriture que je mange, mes proches qui me donnent de l'affection. Mon essence (ce que je suis) est donc extérieure à moi. Je suis par conséquent *le dedans de ce qui m'est extérieur*. Je suis une partie d'un tout, dont je ne peux me détacher. Le reconnaître, c'est renouer avec tout ce qui m'entoure et qui me fait moi, à commencer par le sol, l'air, l'eau et les gens qui vivent à proximité. Le marché nous a détachés de tout. Il nous arrache même à nos proches quand il exige de nous que nous nous adaptions à ses exigences. Mes grands-parents avaient de nombreux défauts, mais je ne les ai jamais vus être dépendants de leurs besoins marchands.

Certes, comme je le disais, ils n'ont jamais fait le tour du monde, à peine celui de leur pays. On les trouvait parfois fermés d'esprit. Mon grand-père était peu sociable. Il se contentait de peu. Curieusement, c'est ce qui a fait sa richesse. Il avait une capacité à vivre sans dépendre du monde marchand qui le tranquillisait. Il est même parvenu à gérer une longue maladie pendant des années, chez lui, avec son épouse et un peu d'aide de sa famille. Il a été bien heureux que les progrès médicaux l'aident à prolonger ses années de vieillesse, mais c'était un bonus qu'il trouvait parfois lourd à porter.

En réapprenant à vivre, nos sociétés sauront réapprendre à mourir de vieillesse. Pas d'un manque de béquille technologique ou d'un défaut de compétence médicale particulière, non. Juste mourir parce que c'est la fin et qu'il est temps à un moment donné de laisser les suivants profiter de ce que fait notre essence commune : l'air, l'eau, la nature et ceux qui nous sont proches.

Verso 6 : Le service rendu par la coiffeuse

"La coiffeuse rend un service marchand, consommé au moment de sa production, rémunéré par un prix couvrant ses coûts de production". Avec la personne qui me coupe les cheveux, cet après-midi printanier, on parle de l'importance des cheveux dans la construction de l'identité. On parle du mouvement Nappy qui encourage les femmes noires à être fières de la beauté de leurs cheveux naturels. On parle de ces femmes indiennes qui vendent leurs cheveux contre un peu d'argent. Et de ce moment à partir duquel certaines jeunes filles scolarisées dans les pays pauvres, coupent leur tresse, symbolisant ainsi leur passage vers une vie émancipée par le savoir.

En matière de cheveux, ma coiffeuse est incollable. Elle me raconte l'importance que ses clients et ses clientes accordent à ce moment précieux de leur existence où ils redéfinissent leur identité, aux yeux des autres, mais si souvent aussi à leurs propres yeux. Ces femmes en instance de divorce qui tournent la page en passant aux cheveux courts. "Il y a plus d'un an de souvenirs dans une chevelure longue", me dit-elle, et quand ces souvenirs pèsent, il faut s'en débarrasser en les coupant.

Elle ne sait pas, ma coiffeuse, que je suis chez elle parce que je vais dire adieu à mon père. Je ne me fais pas couper les cheveux pour me débarrasser d'un seul de nos souvenirs mais parce qu'il va falloir que je sois présentable quand le moment va venir.

Aller chez le coiffeur, c'est me préparer à ce qui vient. Les économistes ne peuvent pas comprendre quel est le vrai sens de nos activités sociales, qui ne sont économiques que par accident. Ils croient tout définir, mais ne peuvent pas comprendre notre humanité, ni comprendre que ma coiffeuse m'a rendu un service personnel, intime et essentiel. Un service qui n'a pas de prix.

Chapitre Douze

Hommes et femmes : avancer vers le non-marché

Les femmes ont plusieurs longueurs d'avance sur les hommes en matière de production non marchande. En fait, elles ont toujours fait, pour leurs proches, ce que le marché ne faisait pas. La marchandisation des activités humaines, permise par une fausse division du travail, comme nous l'avons beaucoup répété, n'a rien réglé au partage des tâches, en particulier au sein du ménage. La mécanisation et la technologisation du monde ne fascinent pas par hasard les hommes bien plus que les femmes : ce sont bien les machines qui ont été mises, par les hommes, au service des hommes. Les femmes auraient bien tort de continuer de chercher à en tirer les mêmes bénéfices que les hommes : sinon, nous hériterons ensemble des mêmes inconvénients mortifères.

Je voudrais tenter de montrer comment la marchandisation du monde n'a été qu'un facteur d'émancipation en trompe-l'œil pour les femmes, et pourquoi il me semble qu'elles seraient légitimes à porter fièrement l'étendard, s'il existait, de la sortie du monde marchand.

Les industries agroalimentaires et électroménagères se sont abondamment vantées d'avoir libéré les femmes de leur prison domestique. *"Moulinex libère la femme"* disait le slogan des années 60. Le projet affiché était de permettre aux futures générations de mères de famille de ne plus être les esclaves de leurs fourneaux. Juliette Gréco[90], alors en début de carrière, chantait avec une fausse naïveté que les femmes devaient attacher leur mari volage avec une cuisine aguichante. Cette cuisine que les fils reprocheront à leur

---

90 Dans une chanson écrite et composée en 1961 par Jean Dréjac, (l'auteur de « Ah ! Le petit vin blanc »), et intitulée « La cuisine ».

future femme de ne pas savoir faire aussi bien que leur mère. Paul Ariès rappelle que les femmes des milieux populaires n'ont alors pas bien vu cette modernisation, *« vécue comme une dépossession de leur savoir-faire*[91] ». Elles ont longtemps résisté aux cuisines aménagées, considérées comme si pratiques et si fonctionnelles par les femmes qui font peu la cuisine.

J'ai longtemps côtoyé une amie de mes parents, issue des milieux populaires, et qui avait fait les mille métiers dévolus aux femmes : la couture, le ménage, et surtout la cuisine en collectivité. Elle a continué jusqu'à un âge avancé à monter ses blancs en neige à la main, au fouet. Elle faisait l'admiration de tous et prouvait par là qu'elle n'avait nullement besoin de l'aide des robots ménagers : ce n'était sûrement pas des machines qui allaient lui apprendre à faire la cuisine ! Comme ses desserts étaient succulents, nous devions bien admettre que Moulinex ne libérait personne, sauf les femmes incapables de faire de bons desserts. Mais cette époque est révolue : les robots ménagers sont partout et des millions de femmes ont cessé d'apprendre de leur mère comment faire à manger, mues par la nécessité de sortir de leur servage domestique.

Or, il se trouve que les statistiques sur le partage des tâches domestiques prouvent que si elles passent nettement moins de temps en cuisine qu'à la génération précédente, les femmes sont toujours en première ligne pour assurer les corvées ménagères. Aux dernières nouvelles, 35 % des hommes en France consacrent au moins une heure par jour à la cuisine et aux tâches domestiques, contre 80 % des femmes ! Et l'écart moyen par jour (sur une semaine) est

---

91 Dans *La simplicité volontaire contre le mythe de l'abondance*, La découverte -Poche, 2010.

d'une heure et demie[92]. Au bout du compte, on a perdu les bons petits plats sans que les femmes en sortent totalement gagnantes. Car on a eu beau jeu d'inventer des lingettes et des plumeaux ultramodernes, des aspirateurs sans sacs ou sans fils, des produits ultra-dégraissants ou des fours autonettoyants, ce sont plus souvent elles qui se coltinent le ménage que leur conjoint masculin.

Mais qu'est-ce qu'un écologiste néo-malthusien peut tirer comme leçon de ce sexisme du quotidien ? Ne suis-je pas, de toute façon, un nostalgique de l'époque de mes grands-parents, qui fut précisément celle qui aurait voulu nous convaincre que le partage sexiste des tâches avait fait ses preuves ? Suis-je à deux doigts de dire que les femmes auraient bien mieux fait de ne jamais quitter « leur » cuisine et d'y travailler âprement au service de toute leur famille ?

Pas du tout : mon but est de vous montrer que nous avons des choses à apprendre de cette tentative des femmes, à moitié avortée, pour acquérir leur autonomie. Pour cela, il faut procéder en deux temps. D'abord, être convaincu des bienfaits de faire soi-même les tâches domestiques. Je pense l'avoir fait au chapitre précédent. Maintenant, nous pouvons parler de l'autonomie des femmes, si vous le voulez bien.

Il faut donc se remettre aux fourneaux

Quel sera le rôle dévolu aux femmes, dans un monde démarchandisé ? Vont-elles refaire la cuisine, comme leurs grands-mères ? Aura-t-on fait tout ce chemin pour en revenir là ? Nul n'en sait rien, et à vrai dire, ça dépendra de nous. Il est juste certain qu'il va falloir nous reprendre en main. Qu'il va nous falloir remettre la main à la pâte. Que ce soient des mains d'homme, de femme, d'enfant ou de

---

92 Sources : Institut européen pour l'égalité entre les hommes et les femmes et Insee - Enquête emploi du temps 2009-2010. Site : Observatoire des inégalités.

vieillard importe peu. Chacun devra trouver une place qui lui convienne. Il n'y a pas de bonne ou de mauvaise place, pour qui sait se rendre utile.

C'est le monde marchand qui a imposé sa hiérarchie des places[93]. Et quand les femmes ont compris que celle qu'elles avaient en cuisine ne leur rapportait rien, ni matériellement ni symboliquement, elles ont jeté leur tablier, et ont bien eu raison de le faire.

Mais nous avons tant perdu alors ! Mettons de côté les raisons (bonnes ou mauvaises) que nos mères avaient de vouloir améliorer leurs talents culinaires. Le constat est pourtant cruel : tant de savoir-faire irremplaçables ont été oubliés quand les filles ont cessé de demander à leurs mères de leur apprendre à maîtriser la cuisine. Et quand les mères elles-mêmes se sont convaincues que leurs filles méritaient mieux qu'être de simples cordons bleus, elles ont laissé se perdre des gestes et des arts culinaires si uniques, si utiles socialement, que c'est l'équivalent domestique de la désindustrialisation ou de la perte des cultures traditionnelles ou de la biodiversité qui s'est jouée sous nos yeux ! Certes, c'était pour une juste cause et il est indiscutable que l'émancipation féminine n'est pas un vain combat, mais seule la logique calculatrice des marchands pourrait nous convaincre que ce qui a été gagné est plus important que ce que l'on a perdu alors.

De toute façon, les femmes ont vite compris qu'il ne suffisait pas d'investir le monde social pour y gagner une place valorisante. Et notre salut viendra peut-être de là. Car les hommes ont « réussi », pendant un demi-siècle supplémentaire, à abandonner aux femmes les rôles marchands dévalorisés, mal considérés et mal payés, et en

---

93 Dans *Masculin/Féminin, Dissoudre la hiérarchie*, Françoise Héritier a montré que cette hiérarchie des sexes existe depuis toujours dans toutes les sociétés. Le monde marchand ne nous en a pas libéré.

ont profité pour monter les premiers dans la hiérarchie des postes. Les femmes fraîchement diplômées devenaient secrétaires, institutrices, infirmières (tous d'anciens métiers d'hommes en cours de dévalorisation) pendant que les hommes devenaient cadres supérieurs, professeurs d'université ou médecins. Libérées, les femmes ? Tu parles. Ce sont les hommes, de toute façon, qui dirigent le monde marchand. Car ils aiment ça, et ils y mettent une libido violente. Ils ont donc gardé le pouvoir en faisant croire aux femmes qu'elles devenaient enfin autonomes.

Geneviève Fraisse, historienne du féminisme, aime rappeler ce que signifie le terme « auto-nome ». C'est le fait de faire sa propre règle. Les femmes se battent depuis longtemps pour décider enfin pour elles-mêmes, comme le fit au début du XXe siècle Virginia Stephen, amie de jeunesse de l'économiste John Maynard Keynes. Ils étaient tous les deux, à cette époque, amis de Léonard Woolf qui a donné à la jeune femme son nom d'épouse et d'écrivaine. Elle posait comme revendication pour les femmes ce « slogan » qui fut le titre d'un de ses ouvrages : <u>Une chambre à soi</u>. Elle exigeait également pour leur autonomie « 500 livres de rente ». Et voici pourquoi je disais que notre salut est peut-être dans la leçon que nous tirerons de cette expérience des femmes.

Car en échange de ce que les femmes ont perdu et qui valait beaucoup (mais n'était pas rémunéré) le monde marchand ne leur a pas offert de compensation. Et la question reste de savoir s'il est l'heure pour les femmes de se battre pour la survie de ce monde marchand inégalitaire ou pour l'expansion d'un monde non marchand dans lequel il serait possible à nouveau de faire ses propres règles. Bien sûr, les analyses anthropologiques de Françoise Héritier et les constats qu'elle faisait de la lenteur des évolutions en matière d'égalité des sexes ne sont pas encourageants : il est possible que le retour aux activités domestiques s'accompagne d'un retour (ou d'une confirmation, puisque le monde marchand n'en a pas permis la disparition) d'une inégalité sexuelle des tâches. Mais ce qui est possible désigne ce qui peut arriver, si rien l'en empêche, mais que rien n'oblige non plus à se produire. Et le domaine du possible, c'est justement celui du choix.

Alors, que veulent les femmes ? La réponse à cette question (insoluble uniquement pour les psychanalystes machistes qui n'ont pas eu l'idée de leur demander simplement leur avis) sera essentielle pour l'émergence d'un autre monde moins prédateur de ressources. Dans cette optique, il faudrait que ce qu'elles réclament aille dans le sens de ce que veulent leurs compagnons. Et réciproquement, bien sûr : il n'y a pas de préséance. Ce n'est pas aux femmes *d'abord* de décider, ni aux hommes. C'est *ensemble* que l'on choisira ou pas d'aller consciemment vers un monde économe en ressources, mais qui nous demande un peu plus d'efforts au quotidien, pour redevenir maîtres de nos existences en quittant la soumission aux désirs marchands.

Il ne servirait à rien de quitter le giron marchand (cf. chapitre six) pour revenir dans un giron maternel plus ou moins encadré par les hommes. Le monde d'après, pour être vivable et conforme à nos valeurs, devra être mené par *des hommes et des femmes* à égalité de savoir et de pouvoir. Peu importe que chacun se spécialise dans l'activité pour laquelle il se sent le plus capable, pourvu que ce ne soit pas toujours les hommes ou les femmes qui, pour des raisons « naturalistes » que l'on connaît par cœur, se retrouvent à assumer les travaux nobles, pour les premiers ou les tâches dévalorisées pour les secondes. Mais si cela flatte une certaine masculinité de couper du bois et une certaine féminité de tricoter des écharpes en laine, qu'on ne s'en prive pas. À condition qu'aucune de ces tâches ne soit considérée comme supérieure à l'autre.

Voilà pourquoi il faudrait cesser de répéter qu'il ne faut absolument rien faire qui risque de remettre les femmes aux fourneaux. Ça n'est pas le sujet. Car il faut de toute façon y mettre quelqu'un et il faudra que cette personne, dans un monde non marchand, soit aussi reconnue que celle qui sort les poubelles. L'émancipation du système marchand, l'empowerment face aux destructions écologiques et sociales programmées par les mécanismes du marché, vont devenir un défi commun aux hommes et aux femmes.

Mettons la main à la pâte, ensemble. Cessons de nous faire piéger par la stupide hiérarchie des compétences marchandes. Ces dernières, méprisantes et sexistes, nous faisaient croire qu'un homme qui cuisine à la tête d'un grand restaurant[95] valait plus qu'une bonne cuisinière dans sa maison. Ou qu'un agriculteur productiviste avait plus de valeur qu'une éleveuse de poulets fermiers non inféodée à l'industrie des dérivés du pétrole. On sait que c'est un mensonge fabriqué par ceux qui voulaient les meilleures rémunérations.

La vie non marchande doit être débarrassée de l'obsession du classement par le profit et la productivité. Les femmes qui le veulent pourront revenir dans la cuisine (et pas forcément « leur » cuisine) faire de bons petits plats. Sans culpabiliser. Sans se faire avoir par un système marchand qui classe toujours de la même façon, en plaçant en tête les moins soucieux des conséquences de leurs actes, ceux qui sont prêts à tout pour arriver au sommet des valorisations marchandes quitte, au passage, à tout détruire pour réussir.

Nous devons réinventer des rapports égalitaires entre hommes et femmes. Non sur la base de ce qu'ils font, mais

---

95 Et dont la popularité est directement proportionnelle au crédit que les banquiers (plus souvent que les banquières) ont pu lui faire pour asseoir et faire reconnaître ses compétences.

de ce qu'ils sont : pas des *hommes* ou des *femmes*, car si c'est une distinction intéressante et productive, voire reproductive, elle est sans aucun intérêt du point de vue économique non marchand. Hors de leurs différences biologiques bien réelles, les hommes et les femmes sont juste des êtres humains à égalité de capacité productive. Voilà ce que nous sommes. C'est pour cela qu'il serait vain de chercher à établir une égalité des sexes dans un monde marchand qui produit des inégalités dans tous les domaines. Ce serait aussi vain que de développer un monde non marchand dans lequel subsisteraient des rapports genrés inégalitaires.

Dans l'idéal, il faudrait juste un jour que la question du sexe des actifs et des inactifs ne se pose pas plus que celle du sexe des anges.

Le chantage fait aux conservateurs

Car on ne peut pas découpler la question de l'autonomie des femmes de celle des hommes. De même qu'il ne peut y avoir des gens plus égaux que d'autres, comme disait Orwell, il ne peut pas y avoir, en démocratie, d'individus plus autonomes que d'autres. Et c'est là toute la distance entre un discours conservateur et un propos réactionnaire.

Tout au long de l'écriture de ce livre, j'ai bien senti derrière mon épaule le poids des critiques progressistes prêts à bondir au moindre mouvement qui signerait un retour en arrière. Ce poids, je le connais et je l'assume depuis plus de vingt ans, et plus précisément depuis le jour où en m'engageant en politique j'ai choisi de suivre (pas très longtemps, soyons honnêtes) l'écurie chevènementiste. Je n'ai aucun regret d'avoir suivi un temps le seul homme politique qui fut capable d'affirmer aux tous débuts de la mondialisation libérale que nous allions dans le mur. Que les pratiques de son parti n'avaient rien à envier à celles de n'importe quelle machine politique non démocratique importe peu. Jean-Pierre Chevènement a de toute façon échoué à nous faire conserver notre industrie et notre souveraineté nationale (qui n'est pas une lubie extrémiste mais le juste équivalent politique de l'autonomie individuelle). Mais comme je suis d'un caractère nostalgique depuis la sortie de l'enfance, j'ai toujours été plus séduit par une certaine forme de conservatisme que par l'obsession du changement. La question est, selon la formule de Paul Ariès : *« A-t-on le droit d'être conservateur ? »*

Vouloir conserver le meilleur de nos existences est un projet magnifique. Comme a pu l'écrire Jean-Claude Michéa, nous devrions savoir être de « bons conservateurs ». Mon point de vue, à rebours du progressisme intégriste postmoderne, est que *les générations précédentes ne pouvaient pas avoir tout faux.* Des siècles et des générations d'intelligence collective ne peuvent pas être effacés du jour au lendemain sans pertes irréparables. Il n'est pas difficile de montrer comment une certaine gauche obsédée de faire tomber les vieilles statues du patriarcat a jeté tous les vieux avec l'eau de leur bain. Or, on conserve bien les chefs-d'œuvre dans les musées, les savoir-faire dans des encyclopédies, les souvenirs dans des vitrines et les mots d'amour au fond de nos tiroirs. Il y a tant de belles choses à conserver...

Pourtant, comme les résistances sont nombreuses, face à toute tentative de « conserver » quoi que ce soit de notre passé, et parce qu'elles sont si convaincues de leur supériorité morale, la question posée par Paul Ariès doit être reformulée ainsi : *comment peut-on être conservateur sans être réactionnaire*[96] *?*

---

[96] Cette question hante tous les écologistes convaincus que les menaces planétaires vont remettre en cause de nombreux progrès sociaux obtenus par l'énergie abondante. Lire notamment Jean-Paul Besset, *Comment ne plus être progressiste... sans devenir réactionnaire*, Fayard, 2005.

La différence entre une attitude conservatrice et une position réactionnaire est que cette dernière pose toute l'organisation passée comme un idéal à reconstruire à l'identique. Ce qui n'est pas souhaitable, puisque si nous avons changé c'est que quelque chose n'allait pas. Mais c'est, en outre, absolument impossible : les sociétés ne reviennent jamais en arrière, car les mentalités changent, les organisations et les structures sociales aussi, ainsi que les ressources disponibles pour avancer. La simple connaissance de notre propre passé nous met dans des conditions nouvelles pour avancer. C'est cette dernière raison qui rend les expériences impossibles à réaliser en sciences humaines. Car si vous voulez tester les réactions (d'un individu ou d'un groupe) à une certaine action publique, vous n'obtenez pas les mêmes résultats au premier, au troisième ou au cinquantième essai. L'expérience modifie les individus et les sociétés, qui ont de la mémoire, pour le meilleur et pour le pire.

Les réactionnaires se dessinent une image idéale de leur passé et imaginent pouvoir y revenir, comme un vieux qui regrette son enfance, dont il n'a gardé que les souvenirs les plus doux, et qui rêve de la retrouver. Être réactionnaire consiste souvent à retrouver un pouvoir perdu : beaucoup d'hommes, se sentant affaiblis par les années, deviennent réactionnaires face à une jeunesse insolente qui ne les respecte pas aveuglément. Mais la jeunesse est faite pour bousculer la vieillesse et cela ne doit pas nous faire peur.

Dans une société qui veut aller loin, il est du devoir des vieux de faire profiter les jeunes de leur expérience. *« L'expérience est un peigne que la vie vous donne quand vous êtes devenu chauve »,* aimait dire Bernard Blier. Elle ne sert à rien si chacun la garde pour soi. Le but d'un conservateur est de tirer les leçons du passé. Ce qui marche, on le garde. Le reste on s'en sépare ou on le réforme. Les réformistes sont surtout insupportables lorsqu'ils s'attaquent à ce qui fonctionne assez bien, au motif qu'on pourrait faire encore mieux. Car les principes de nombreuses réformes ne sont pas toujours les progrès attendus, mais la mise en œuvre de principes rigides qui n'ont rien à envier à ceux des conservateurs. Il existe un conservatisme de la réforme qui est désastreux. C'est-à-dire, littéralement, qui conduit au désastre, à la destruction sans reconstruction aucune.

Quels progrès avons-nous faits ?

On pourrait citer brièvement les réformes scolaires car elles sont typiques de la victoire en trompe-l'œil des progressistes sur les conservateurs. Avoir su faire passer ces derniers pour des réactionnaires nostalgiques de l'école autoritaire de Grand-Papa a été la clé de la réussite des politiques réformistes dont le bilan est pourtant désastreux. Il fut un temps où les positions de Baudelot et Establet sur la hausse du niveau scolaire général dans notre pays[98] ont servi la cause de la démocratisation scolaire. De toute façon, il n'était pas très difficile, en envoyant tout le monde passer par l'école primaire, d'obtenir une hausse du niveau global. L'enseignement de masse a été l'équivalent de la croissance économique extensive vue au premier chapitre : on obtient forcément des résultats en mettant tout le monde le nez dans les cahiers et en construisant des écoles à tour de bras.

En revanche, le passage à la croissance intensive de la production de savoir a été une catastrophe. Nous n'avons pas su faire mieux, avec les élèves qui arrivaient en masse. Nous avons même fait de moins en moins bien. La raison est sans doute qu'*il n'y avait pas de progrès à faire* en termes d'efficacité, depuis l'ancien système. Des

---

98 Leur best-seller Le niveau monte (1989), est avant tout un modèle d'étude sociologique, tout comme l'essai Allez les filles (1992).

générations d'apprentissage à la lecture et à l'écriture avaient permis de définir comment apprendre bien (et pas vite, car c'est impossible). On a voulu faire vite, on a fait moins bien, en faisant passer pour des réactionnaires les conservateurs qui criaient « Au feu ! » Nos enfants auront raison de nous le reprocher. Je ne désespère pas qu'ils sachent revenir en arrière avant qu'il ne soit trop tard.

Il existe bien une connivence entre les productivistes et les progressistes de gauche : l'idée qu'on peut faire mieux que les générations précédentes avec moins ! Cette obsession de la productivité est un rêve de gauche depuis « Le droit à la paresse » de Paul Lafargue. Il défendait la position selon laquelle les machines assumeraient un jour l'essentiel de nos tâches pénibles. On aurait tort de lui en vouloir, car ce rêve était largement partagé, et continue de l'être encore aujourd'hui. Mais en matière d'instruction, cela n'est pas possible. Il faut toujours le même nombre de semaines pour apprendre à un enfant de 6 ans à lire et à écrire. Toujours le même nombre de pages lues pour être à l'aise avec la lecture, toujours le même nombre d'exercices de mathématiques pour maîtriser le langage des chiffres, toujours le même nombre d'années pour accumuler des connaissances et des outils pour les analyser. Dans ce domaine, comme dans beaucoup d'autres, *on ne peut pas faire mieux qu'avant*. On peut tout juste éviter aux élèves d'avoir peur d'apprendre et de travailler. Mais ne surtout pas leur faire croire que cela va devenir facile. Les seules choses vraiment faciles à faire sont celles que l'on sait déjà faire, ou que l'on achète déjà toutes prêtes sur un marché quelconque.

Un progrès : sortir de notre dépendance au marché

Si je ne vous ai pas perdu en route, je reconnais vous avoir fait passer par un bon nombre d'étapes désagréables. On commence un chapitre en parlant des femmes à la cuisine, tout en essayant de montrer que ce n'est pas un drame. Puis on montre que même si notre seul projet est d'aboutir à l'autonomie des femmes, cela peut passer (ou non) par la cuisine. Ensuite, on a montré qu'il est moins grave de conserver ce qui marche que d'imposer des réformes idéologiques. Puis on a montré que la recherche de productivité est toujours au service de l'anti-conservatisme, qui utilise les réactionnaires comme un épouvantail pour imposer ses réformes « efficaces ».

Tentons ensemble de chercher ce que serait la place sociale des femmes dans un monde de croissance non marchande. Si le non-marché progresse, quels avantages pourraient-elles en tirer ? Avant tout celui de choisir la place qui leur convient. Car c'est là le seul but d'une société débarrassée des contraintes marchandes. En sortant des valeurs monétaires *qui dévaluent toujours les improductifs*, on peut imaginer un monde dans lequel les individus seront jugés autrement que par leur capacité à rapporter des sous à la maison. Ne nous faisons pas d'illusion sur les rapports de force sociaux : il suffit de mettre une douzaine de personnes autour d'un plateau de jeu de société pour assister à des prises de pouvoir, des putschs et des formes de dominations plus ou moins perverses. Les humains n'ont certes pas besoin de monnaie pour se faire la guerre. Mais la monnaie, avec la mesure de la productivité qu'elle porte, donne une arme redoutable aux puissants. Sans elle, ils n'ont plus que ce qu'ils sont pour s'affirmer. Et c'est alors une autre paire de manches.

Sortir de la dépendance au marché, c'est sortir de la dépendance, tout court. Geneviève Fraisse ne cesse de répéter que les femmes doivent dire aux hommes que leur système ne fonctionne pas. Ne plus y consentir, refuser son consentement, ce n'est pas refuser d'être avec les hommes, c'est envoyer paître ce jeu de dupes qu'ils proposent depuis trop longtemps aux femmes, et dont il faut reconnaître qu'il ne s'est pas amélioré avec l'extension du marché[99], mais bel et bien dégradé, comme le prouve l'émergence soudaine dans l'espace public de paroles de femmes humiliées et dominées. Dénoncer le jeu de dupes semble être la meilleure position possible. Laissons se jeter dans la bataille productiviste les femmes que ça amuse et qui veulent jouer avec les armes des hommes. Mais l'autonomie qu'elles en tireront sera aussi destructrice et prédatrice que celle des hommes. Où sera le progrès, le jour où les femmes seront devenues aussi inconséquentes que peuvent l'être les hommes ?

Comme nous l'avons vu, être autonome, c'est faire sa propre règle. Paul Ariès ajoute que c'est, par conséquent, la capacité à décider de ses propres institutions (qui désignent un ensemble de règles acceptées et reconnues par tous), sans en subir les dictats et sans être impuissant à les changer. Et voilà ce que les femmes, en se libérant pour de bon, pourraient apporter à la croissance non marchande : leur envie et leur capacité de faire leurs propres règles, et de nous proposer de les faire avec elles. Car il y a de nombreuses raisons de penser qu'un monde prédateur et destructeur est un monde exclusivement masculin. Toutes les guerres passées en donnent des preuves accablantes.

Il est grand temps que ça change.

99 Le seul progrès essentiel en matière d'égalité des sexes, que l'on doit plus à la démocratie libérale qu'au marché, est la maîtrise de leur fécondité et de leur corps, comme n'a cessé de le rappeler Françoise Héritier.

Conclusion

En finir avec la fin du monde

Ce livre n'est pas fini. Ce n'est pas grave, car le monde marchand ne l'est pas non plus, et son agonie sera très lente. Il va être de plus en plus évident que cette agonie sera aussi celle d'une partie de l'humanité, soumise aux conséquences désastreuses du dérèglement climatique et de la raréfaction des ressources productives. Mais nous avons moins de temps que nous le pensons pour comprendre ce qui arrive à l'humanité. Ce livre voudrait avoir contribué à donner des outils à ceux qui craignaient que les lois économiques nous condamnent à ne pas pouvoir penser le monde autrement que sous l'angle marchand.

Le monde marchand ne sait pas où il va mais il y va à toute vitesse, et nous entraîne dans sa course folle. A nous de comprendre et de décider qu'une autre voie est possible et souhaitable pour l'humanité. L'enjeu est éminemment politique, et il n'est pas sûr qu'un retrait total du monde soit la seule solution, comme le prônent certains décroissants ou autres survivalistes. Il faut se réapproprier la puissance publique, dont la force de frappe politique est sans équivalent, et reprogrammer totalement sa logique de fonctionnement.

Trop d'énergie humaine et de compétences ont été consacrées depuis 50 ans à créer un cadre marchand et concurrentiel qui se croyait efficace et ne l'était pas du tout. Le marché et la concurrence ne profitent pas à l'humanité, mais à une fraction privilégiée qui a fait un hold-up sur les capacités productives de la planète pour les gaspiller d'une façon éhontée et mortifère.

Il faut que l'État post-marchand soit mis au service exclusif d'une société enrichissante, dans laquelle chacun sera libre de construire l'existence qui lui convient, dans la limite des ressources locales disponibles. Pour cela, les gens ont besoin que les réseaux vitaux soient fiables : accès à l'eau, à l'énergie finale, aux transports collectifs avec un maillage très serré de tout le territoire, accès aux ressources alimentaires ou aux moyens de production locaux pour assurer la souveraineté alimentaire de tous les villages et villes du pays.

Une fois ces réseaux mis en place, sans qu'il soit besoin de les mettre en fausse concurrence sous la coupe de grands groupes internationaux, l'État devra *faciliter la vie des gens*, et non pas l'entraver par un contrôle accru, comme il le fait dans toutes les économies de marché depuis longtemps, mais plus que jamais depuis l'épidémie de COVID. Nous avons besoin de *moins de normes*, de moins de règles, et d'un accompagnement bienveillant, puisque c'est le mot à la mode, pour que nous puissions vivre de notre mieux, avec les ressources matérielles et humaines qui nous entourent.

Oui, nous avons besoin d'être enfin autonomes. Car l'argent et le pouvoir d'achat ne rendent pas libres, ils asservissent. La liberté qui nous attend sera moins infantilisante, demandera plus l'huile de coude, mais par la magie de l'effet-débond, s'accompagnera d'une vie moins gourmande en énergie psychique et en course au « toujours plus » qui ne fait qu'alimenter nos frustrations.

Si les responsables politiques ne comprennent pas ce monde qui se dessine, ils seront balayés par des vendeurs de vies simples et bien organisées, populistes et apprentis dictateurs de toutes sortes.

Le monde qui vient sera à la fois plus complexe et plus simple que celui que nous quittons. Plus simple car les excès technologiques ont rendu notre maîtrise du quotidien très incertaine. La plupart d'entre nous, y compris chez les jeunes, ne comprend plus rien aux avancées folles de la technologie. Il fallait, pour que la croissance ait lieu, que nous dépendions du marché et des offreurs de « babioles » complexes. Les innovations technologiques ont parfaitement joué leur rôle à cet égard. En sortir, outre l'énorme économie de ressources que cela provoquera, nous permettra de retrouver un monde plus accessible, plus immédiat[101].

Le monde futur sera plus complexe car moins infantilisant que le monde passé dans lequel il suffisait d'adresser des demandes solvables au grand marché pour voir tous ses désirs satisfaits. Comme les pizzas et les hamburgers ne poussent pas sur les arbres, et si le marché n'est plus en mesure de nous en procurer sans nous obliger à brûler des tonnes d'énergies fossiles, alors il nous faudra apprendre à produire des pizzas et des hamburgers de qualité, avec ce qu'on a sous la main. Nous avons derrière nous des siècles d'apprentissage qui nous permettent de maîtriser la culture et la transformation des matières premières agricoles nécessaires à de telles productions. Il suffira de se mettre un peu au travail, et nous retrouverons la joie intense de goûter à ce que l'on a fait soi-même et que l'on peut partager avec les autres.

Il n'y a qu'un avenir démocratique viable : celui qui nous permettra de décider de nos existences. Ce qui permettrait une sortie de la pauvreté à tous les sens du terme, pour entrer dans des vies sobres, parcimonieuses et dignes. Que certains y perdent des signes extérieurs de suraccumulation des richesses n'a aucune sorte d'importance, s'ils ne confisquent pas le pouvoir.

---

101 La gestion des réseaux publics d'énergie ou d'informations doit continuer de s'appuyer sur des technologies complexes que les citoyens n'ont pas besoin de comprendre dans le détail. Il faut que l'eau coule du robinet dans toutes les maisons du monde et que l'électricité y parvienne d'une façon ou d'une autre. Mais cela doit se faire dans la plus grande transparence possible, y compris pour les choix les plus impactant sur les générations futures (comme celui du poids donné à la production électrique nucléaire, dans la production finale d'énergie).

Les élections des décennies à venir seront cruciales. Pas pour éviter l'accession au pouvoir de partis accros à la croissance, qui nous feraient juste perdre un peu plus de temps et finiront de toute façon par éveiller un peu plus nos consciences démocratiques, mais pour faire émerger une majorité de citoyens courageux et optimistes face à l'émergence d'une société moins productive.

Les règles du capitalisme marchand sont suicidaires ? Trouvons-en d'autres, plus simples et dont le seul objectif sera la préservation de nos existences, hors de la course folle pour l'accès à de fausses richesses : voilà quelle serait la meilleure façon de se libérer du marché et des mensonges de la productivité.

Certes, tant qu'il restera des humains avides et cupides, il restera des marchands pour leur proposer de gaspiller les choses les plus précieuses, y compris notre temps, pour satisfaire leurs instincts de prédation. On peut pourtant espérer que les économistes seront à l'avenir de moins en moins nombreux à justifier, théoriquement et idéologiquement, un tel système destructeur des ressources, du climat et de la biodiversité. C'est en tout à cas le modeste combat que peuvent mener ceux et celles qui enseignent actuellement l'économie aux jeunes générations.

En fait, je donnerais volontiers tous mes derniers pleins d'essence contre la garantie que *les économistes du futur* (dont les outils théoriques sont donnés en fin d'ouvrage) parleront enfin un langage réaliste et humain, débarrassé de toutes ses inconscientes promesses pour enfants gâtés. Une science économique dont le seul objectif devrait être de permettre à chacun de devenir, tout au long de sa vie, l'acteur d'une société véritablement enrichissante.

La boîte à outils des économistes du passé

Compétence : issu du latin *competere*, qui est la racine de compétition et de concurrence, la compétence est ce qu'il convient de faire quand on y est autorisé (les autorités compétentes). Il s'agit en réalité, comme pour les qualifications, de savoir-faire certifiés et homologués, qui ont par conséquent une valeur marchande. Mises en concurrence sur un marché, les compétences sont au cœur des rivalités pour l'accession aux revenus. En fait, elles servent souvent de prétexte à ceux qui veulent s'approprier le pouvoir marchand. Les qualifications ou compétences peuvent tout à fait être détenues par des « incompétents » qui ne savent rien faire de bien. Les compétences d'Albert Einstein, si on y regarde bien, étaient nulles ou presque, alors que son savoir-faire de physicien était incommensurable (donc impossible à mesurer ou à comparer à d'autres savoir-faire).

Concurrence : Les économistes voient les humains comme de perpétuels rivaux. Ce qu'ils sont sans doute, mais pas systématiquement et pas uniquement sur la conquête des biens marchands. Les bienfaits de la concurrence (ou *competition*, en anglais) sont très surestimés et leurs dégâts presque ignorés par les théories économiques. Or, la rivalité pour l'appropriation de ressources vitales est décuplée par l'économie marchande qui concentre toutes les forces sociales dans leur prédation. La coopération par consentement mutuel, ou l'entraide, moins valorisées socialement et plus difficiles à exacerber, nous auraient permis de ménager notre environnement. Les biens publics ont été des victimes majeures de la mise en concurrence imposée par l'idéologie ordolibérale qui gouverne la construction de l'Union Européenne, et qui n'a jamais fait la preuve que l'on peut organiser une concurrence saine sur l'ensemble des marchés.

Courbes de Kuznets : Il existe une conviction, quasi-religieuse, chevillée au corps des économistes. C'est l'idée selon laquelle l'argent pourrait régler tous les problèmes posés par l'argent. La déclinaison schumpétérienne de cette croyance est l'idée selon laquelle la technologie nous sauvera des dégâts qu'elle provoque. Simon Kuznets affirmait qu'il faudrait supporter une période de hausse des inégalités avant que l'enrichissement global des économies développées finisse par ruisseler sur l'ensemble de la société. Il reconnaissait cependant lui-même que cette affirmation reposait sur « 5% de données empiriques et 95 % de spéculations, éventuellement teintées d'illusions ». Le ruissellement n'a pas eu lieu dans les proportions rêvées par Kuznets. De toute façon, l'enrichissement et la cupidité ne seront jamais la solution aux problèmes qu'ils créent.

Coûts : Obsession des économistes et des entrepreneurs, puisqu'ils entament les revenus tirés de la production. Les coûts par unité produite augmentent quand les rendements décroissent et ils diminuent si les rendements croissent. D'où la place centrale de la productivité dans les écrits des économistes dominants puisque c'est elle qui fait baisser les coûts unitaires.

Croissance : Les économistes ont fait main basse sur ce terme de façon très problématique. Parlez de croissance aux gens, ils vous répondent « création de richesse marchande » ! C'est comme si le terme de « vitesse » ne s'appliquait qu'à un seul domaine (l'aviation, par exemple) et que ni les voitures, ni les cours d'eau, ni les ondes lumineuses, ni les gazelles en plein galop ne pouvaient revendiquer d'avoir une « vitesse » ! Or, dans nos sociétés, de nombreuses choses peuvent croître qui ne sont pas marchandes, en particulier ce qui nous est le plus cher : nos savoir-faire, nos liens, le pouvoir sur nos existences, notre descendance, notre qualité de vie,… Il faudrait systématiquement accoler l'adjectif « marchand » à celui de « croissance », si l'on voulait s'en défaire un jour. Sa dangerosité vient du fait qu'elle présuppose l'absence de limites : la croissance, pour ses défenseurs, peut être forte ou faible, voire atone, mais elle ne peut être négative que par un imprévu accidentel (crise ou choc exogène) et toujours suivie d'une reprise. Autant la notion de *développement* supposait des étapes et un aboutissement, autant la croissance est un rêve d'immortalité. Un cauchemar, par conséquent.

Division du travail : notion centrale de l'économie marchande, elle introduit la Recherche sur la nature et les causes de la

Richesse des Nations, ouvrage fondateur de la science économique publié en 1776. Adam Smith voit dans cette division du travail le principe premier de ce qu'il nomme *l'efficacité productive*, et que l'on nommera plus tard la *productivité*. Il ne s'agit pas vraiment d'une collaboration des travailleurs entre eux mais bien des prémisses d'un « émiettement » des tâches à réaliser qui aboutira un siècle plus tard à la logique tayloriste de parcellisation des tâches. La logique de division du travail porte en elle le passage de l'exécution du travail par des humains à sa réalisation par des machines ou des robots dont la capacité à répéter rapidement et sans fatigue des actions simples est inégalable. La division du travail permet un tel transfert du travail des humains à leurs esclaves mécaniques que les économistes ont cru que l'efficacité productive venait de la division du travail, alors qu'elle venait de la quantité d'énergie sans laquelle les machines, quelle que soit la nature de leurs tâches, ne produiraient rien (et ne seraient même pas produites elles-mêmes).

Effet rebond : Le raisonnement de Stanley Jevons était simple : si vous faites des économies d'énergie par amélioration de l'efficacité de vos installations, vous allez récupérer du pouvoir d'achat. Or, ce pouvoir d'achat va être, sauf réduction délibérée de votre niveau de consommation, consacré à de nouvelles dépenses qui vont provoquer de nouvelles consommations d'énergie. Ce raisonnement est mal pris par ceux qui travaillent sur l'efficacité énergétique et qui ont le sentiment de travailler pour rien, ce qui est faux. Mais prendre les économies d'énergie comme une solution à l'hyperconsommation énergétique est un leurre. Il ne faut pas économiser l'énergie, mais réduire la production, seule façon de réduire les émissions de CO_2.

Équilibre général : Postulat selon lequel le grand mécanisme des marchés, orchestré par des prix porteurs de toutes les informations, pourrait permettre que personne ne souhaite vendre ou demander plus de biens ou services, aux prix proposés, sur aucun marché. Si un ensemble de prix permettant un tel équilibre peut être trouvé sur le papier, de nombreux marchés concrets n'en ont jamais fait l'expérience, comme celui du travail, de l'immobilier ou des médicaments, qui subissent une autre loi que celle de l'équilibre général. Bien sûr, pour les économistes standards, c'est forcément parce que les règles du jeu concurrentiel n'ont pas été parfaitement respectées. Mais personne n'a jamais observé d'équilibre général ailleurs que dans les modèles économiques.

Équilibre partiel : Il s'agit de l'équilibre observé sur un seul marché. On le représente graphiquement par deux courbes : celle de l'offre du bien concerné, qui augmente avec les prix, et celle de la demande qui diminue si le prix augmente. Le point d'intersection de ces deux courbes permet de déterminer le prix et la quantité d'équilibre. À ce point, on peut démontrer que le surplus global est maximum : les producteurs et consommateurs ne peuvent envisager une situation plus avantageuse en termes de profit ou de satisfaction. Ce même graphique sert à démontrer que toute tentative par l'État de fixer le prix à un niveau supérieur (taxe, SMIC) ou inférieur (loyer plafonné) au niveau d'équilibre réduira le surplus global. De même, tout ce qui déplace l'équilibre vers plus de biens offerts et demandés augmente également le surplus social. Ainsi, la représentation dominante des marchés prouve que sans intervention de l'Etat et avec suffisamment de croissance, la logique marchande maximise le bien-être social. Il ne reste qu'à vérifier cela dans les faits…

Loi des rendements décroissants : Hypothèse essentielle à la construction du modèle économique dominant. Comme leurs rendements décroissent, les entreprises ne peuvent augmenter leur production que si on leur offre un prix croissant (qui couvrira leurs coûts, eux aussi croissants, puisque les rendements sont de moins en moins bons). De la même façon, la satisfaction d'un consommateur décroît avec les quantités qu'il consomme (la deuxième gorgée de bière n'a pas autant de saveur que la première, mais plus que la troisième, etc.). C'est pour cela que le prix doit baisser pour faire augmenter la demande (et pas parce que les consommateurs cherchent à faire de bonnes affaires). Cette loi se retrouve aussi dans l'analyse de la croissance, puisque l'on sait que plus les facteurs de production augmentent, moins ils parviennent à être efficaces, ce qui justifie qu'il faut innover pour stimuler le progrès technique et la productivité qui améliorent les rendements. Il se trouve que la raréfaction des ressources rares valide la loi des rendements décroissants, à cause du taux de retour énergétique de plus en plus faible. Mais l'utilisation massive des énergies fossiles l'avait invalidée pendant toute la période où les économistes ne juraient que par elle ! En d'autres termes, grâce au pétrole, les coûts ont massivement baissé alors que la production s'envolait. Les rendements réels étaient croissants, alors que les économistes supposaient l'inverse…

Marchand : dans l'esprit des économistes dominants, le marché est le cadre qui assure la plus grande efficacité en matière de production. Cette efficacité est garantie par la mise en concurrence des producteurs, qui ne peuvent pas faire autrement qu'améliorer la qualité de leurs produits et baisser leurs prix pour séduire les consommateurs. Cette baisse des prix passe par la réduction des dépenses par unité de bien fabriqué, ce que les économistes du passé nommaient la productivité. Or, il se raconte beaucoup de fables, et depuis longtemps, autour de la productivité. Quant à la confusion entre monde marchand et économie monétaire, elle est très utile aussi pour faire croire aux acteurs du système que sans marché, il n'y a plus de revenus, et que c'est donc la fin des haricots. Or, en matière monétaire, les sociétés humaines ont eu beaucoup plus d'imagination que les économistes marchands peuvent en avoir, en dehors de leur capacité à faire de l'argent avec de l'argent sans même produire quoi que ce soit d'utile à la société.

Prix : Ce sont les signaux préférés des économistes. Sans eux, nous serions aveugles, disent-ils. Les prix nous guident vers les bonnes affaires, nous tiennent à distance des biens au-dessus de nos moyens, et surtout nous permettent par la magie des chiffres de nous faire croire que nous connaissons la valeur des choses. Partout où les prix sont absents, ou lorsque leur niveau n'est pas déterminé librement, les marchés dysfonctionnent. Dans l'idéal des économistes, tout devrait avoir un prix, et en cherchant bien, tout peut en avoir un. Mais si les prix disparaissaient, l'économie comme système d'échange subsisterait sans difficulté particulière. Alors que l'économie comme science s'éteindrait sur-le-champ.

Productivité : Au cœur du processus de croissance marchande, elle correspond à ce que l'on arrive à produire par unité de facteur de production utilisée (donc par travailleur ou par machine). Grâce au progrès technique, il serait possible, non pas de faire plus de gâteau avec moins de farine, mais d'en faire plus avec le même nombre de machine ou de travailleurs. Ce qui a deux conséquences majeures. La première est que l'on baisse le coût de production de chaque unité produite, ce qui profite, ensemble ou séparément, aux consommateurs (le prix baisse), aux salariés (les salaires augmentent) ou aux entreprises (le profit augmente). Le deuxième est que l'on va plus vite pour produire, ce qui permet soit de produire plus, soit de produire autre chose, soit d'offrir des congés aux salariés pour qu'ils aient le temps de dépenser leurs salaires. Ces diverses conséquences (baisse des prix ou hausse de la production et du temps libéré) créent simultanément un fort effet-rebond qui entretient la croissance, fille aînée de la productivité.

Progrès technique : Défini en économie comme l'ensemble des innovations, il est ce qui permet de soutenir la croissance quand on ne peut pas faire travailler plus d'hommes et plus de machines. Son évolution est mesurée par la productivité globale des facteurs (PGF), qui est le résidu de la croissance économique non expliquée par la hausse des quantités de facteurs de production. Par exemple, si le *doublement* du nombre de machines et de travailleurs entraîne une multiplication *par quatre* de la production, c'est parce que la PGF a elle aussi doublé. C'est par son impact sur la productivité que le progrès technique stimule la croissance. Qu'il permette de soulager des gens malades, qu'il abrutisse des enfants devant des jeux vidéo ou des travailleurs devant des systèmes automatisés n'a aucune sorte d'importance pour les économistes, qui ne retiendront de toute façon que les progrès qui les arrangent, et en premier lieu ceux qui provoquent la baisse réelle des prix et l'amélioration en trompe-l'œil de la qualité des biens marchands. Les économistes du passé ont toujours envisagé que le progrès technique sera la solution à nos problèmes économiques. Ils n'ont pas compris et ne veulent pas admettre qu'il est une trop grande partie du problème lui-même.

La boîte à outils des économistes du futur

Biens communs : cette notion souffre d'avoir été popularisée par Garrett Hardin, un néomalthusien qui a tenté de montrer l'impossibilité de laisser des biens communs en libre accès face à une population croissante, au risque qu'ils soient entièrement pillés. Mais la reconnaissance de leur existence est fondamentale, même si elle ne porte pas en elle la réponse à la question qu'elle pose : comment gérer en commun une ressource commune, en la préservant ? C'est une question démocratique essentielle, car elle nécessite de repenser le rôle de l'État. Les pouvoirs publics doivent être les garants de la fourniture de ces communs à toute la population, par un financement collectif reposant sur des prélèvements équitables. Au lieu de se mettre au seul service des activités marchandes, l'État devrait être le garant de l'accès aux biens communs. Attention : les biens collectifs (hôpitaux, transports en commun, écoles, réseaux routiers, etc.) ne sont pas des biens communs, car ils ne sont pas rivaux et sont excluables (on peut en faire payer l'accès à leur vrai prix), sauf les biens collectifs purs (phares, armées…).

Capital naturel : jusqu'à présent, il s'agissait de l'ensemble des ressources qui se trouvent « naturellement » dans notre environnement et dont nous pouvons disposer pour les transformer à notre avantage. Cette notion n'impliquait pas que ce capital ait un prix, car il ne peut pas en avoir dans sa globalité, ce qui a donné du fil à retordre à bien des économistes. En revanche, elle implique que pour produire, il n'existe pas deux facteurs de production (le capital humain et le capital technique) mais plutôt trois, ce que les économistes contemporains peinent encore à reconnaître. L'erreur fondamentale de l'économie est d'avoir fait du capital naturel un sous-ensemble nécessaire au système productif, à l'instar des autres formes de capital, alors que les autres formes de biens de production (travail, bâtiments, machines, infrastructures de réseaux, ressources énergétiques…) sont toutes partie intégrante du capital naturel sans lequel aucune production n'est possible.

Coopération : C'est la meilleure intuition économique d'Adam Smith et elle restera à jamais valable. La division du travail dans sa version première est une forme de coopération économique qui ignore la *concurrence*. Les grandes entreprises multidivisionnaires ont été créées pour optimiser la coopération entre agents économiques et le partage du travail plus souvent que sa division. L'histoire montre que la main visible des organisations est bien plus efficace que la main invisible du marché[103]. Il aurait été bien peu efficace de lancer sur les marchés des individus atomisés tous en concurrence les uns avec les autres et aucun pays, aussi libéral soit-il, ne l'a jamais vraiment fait. L'être humain, sur les terrains de sport, dans les orchestres, en sciences comme en littérature, n'est jamais aussi bon qu'en coopérant avec les autres. De façon marchande ou non marchande.

Décroissance : Le terme *décroissance* divise. Il permet aux uns, à la suite de Serge Latouche ou Paul Ariès, de s'afficher en rupture complète avec l'idéologie économique croissanciste. C'est un mot brandi comme une arme de dénonciation de ce qui est la plaie absolue de notre environnement, de la biodiversité et du climat : la croissance marchande. Le même terme permet à d'autres de faire peur en brandissant un futur appauvrissant. Pour cette raison, les « objecteurs de croissance » lui accolent parfois des adjectifs sympathiques (conviviale, heureuse, écologique…), comme le font les partisans de la croissance (verte, durable, soutenable…) pour faire passer la pilule. Le terme sobriété vient de plus en plus s'imposer, car il plait pour la vertu qu'il met en avant : savoir ne pas dépasser ses limites, et réduire ses besoins. Quoi qu'il en soit, la question de *ce qui doit décroître* n'est jamais complètement posée. Jean Gadrey a montré qu'une baisse du PIB n'est pas une catastrophe en soi. Il faudrait impérativement faire un hold-up sur un autre terme du monde marchand pour le détourner de son sens initial et le mettre au profit de la croissance des activités non marchandes. On pourrait proposer celui de « société enrichissante ».

Effet débond : Chaque fois que l'on va moins vite, que l'on prend plus de temps pour bien faire un produit ou se rendre un

---

103 Voir Alfred Chandler, *La main visible des managers*, (1977) Ed. Economica, Paris.

service, en consommant moins de ressources rares (en particulier de l'énergie) on réduit sa productivité. Le temps consacré à une activité peu productive *ne peut plus* être consacré à une autre activité et c'est la meilleure façon de renoncer à satisfaire d'autres besoins. Par exemple, une automobile bridée à 40 kms/h réduira forcément la consommation d'essence de son utilisateur car elle le découragera d'aller trop loin. De même, la baisse de productivité ou la hausse des coûts des ressources rares réduit le budget des ménages, réduisant automatiquement leur consommation de ressources : là encore, la perte d'efficacité du système ralentit la croissance du système, provoquant une économie forcée des ressources.

Ceux qui affirment que ce serait un non-sens de poser des limites à l'envie d'aller plus vite en automobile (ou pire : en rendant plus coûteux le transport automobile) admettront que, depuis longtemps déjà, personne n'est libre de rouler dans des bolides qui surconsomment du carburant. Excepté les psychopathes, tout le monde accepte les limites. Mais elles doivent être définies collectivement pour être supportables et donner tous leurs fruits, en particulier s'il s'agit de limites monétaires.

Emplois non marchands : Le secteur non marchand est celui qui fournit ses produits ou ses services à un prix inférieur à ses coûts de production. Il ne s'agit pourtant pas seulement des emplois publics, qui rentrent dans cette définition. Travailler sans être rémunéré, pour produire un bien ou un service utile, c'est occuper un emploi non marchand. Les femmes au foyer ou les aides familiales sont les premières à répondre à cette définition. À l'avenir, les activités non marchandes seront omniprésentes, et pas seulement dans la vie des femmes. Ces emplois sont rémunérés « en nature », par le seul résultat de leur activité.

Non marchand : refuser la logique marchande est tout à fait dans les choix possibles d'une grande démocratie de citoyens éclairés. La puissance publique, sous l'aiguillon de citoyens éclairés, peut restreindre progressivement tout le champ de la production marchande. Des débats républicains dignes de ce nom et des procédures décisionnelles plus innovantes que les référendums à choix binaire pourraient permettre de retirer progressivement au marché sa capacité de nuisance. Tous les marchés de biens vitaux n'ont aucune raison de disparaitre, mais leur soustraction à la logique marchande et financière allègerait bien des acteurs de ce secteur productif. Combien de consommateurs-électeurs refuseraient que nos agriculteurs ne soient plus forcés de réduire leurs coûts de production par une production fortement émettrice de CO_2, saturée d'intrants polluants et qui génère des surplus d'invendus en quantité industrielle ?

Partage du travail : Le transfert progressif et constant du travail humain vers les machines a pu faire croire un temps que l'on vivait « La fin du Travail » et qu'il serait bientôt nécessaire de partager entre tous les actifs le peu de travail non mécanisé qu'il nous resterait. Cette idée séduisante à plusieurs titres (travailler moins, tout en partageant) ne résistera pas à la réduction déjà entamée des ressources énergétiques. Comme il ne sera ni possible ni souhaitable de maintenir nos économies dans une abondance énergétique proportionnelle à nos envies de produire, les générations futures doivent se préparer à une baisse significative de la productivité. Pour une production donnée, cela signifie qu'il faudra de plus en plus de travail humain à l'avenir pour prendre le relai des machines. Cette abondance du travail nécessitera de le partager, dans la mesure où les individus nés dans une société marchande ont été dépossédés des savoir-faire qui permettaient aux individus, dans des sociétés premières, de réaliser eux-mêmes ce qui satisfaisait leurs besoins essentiels. Sans mobilisation d'une intelligence collective tous azimuts, et d'un partage de tous les savoir-faire, on peut parier que de nombreux groupes humains ne disposeront à l'avenir que de ce qu'ils savent faire, à savoir pas grand-chose…

Progrès humain : Notion très vague, car très subjective. La complexité de nos existences fait que certaines de nos activités sont porteuses en même temps de progrès (ou d'avancée vue comme positive) et de régression. L'accumulation de marchandises, à l'apogée du système marchand, fait partie des progrès très discutables. On peut considérer la réduction des marchandises produites et possédées comme un progrès aussi bien sur le plan individuel (par le détachement des choses qu'elle provoquerait chez chacun) qu'au niveau collectif, par les économies (au sens ancien de ce qu'on épargne) qu'elle permettrait. Les progrès issus des innovations technologiques sont très discutables : à court terme elles sont parfois néfastes, et à long terme elles le sont presque toujours.

Savoir-faire : Sans doute l'un des plus beaux mots de la langue française, parce qu'il marie les deux principales aptitudes d'un être humain, *savoir*-l'intelligence du cerveau et *faire*-celle de la main. Il est synonyme d'art, d'adresse, mais aussi d'astuce, de dextérité, de diplomatie, de finesse ou d'ingéniosité. Le savoir-faire, c'est ce qui distingue le bon artisan du mauvais bricoleur, le cordon bleu du cuisinier ordinaire et même, chez Stendhal, le bon amant du jeune homme empressé. Le savoir-faire est souvent une seconde nature, mais aussi souvent un héritage. Comme il n'est pas toujours possible de savoir *comment* on sait faire, cela met toute intelligence artificielle à distance de ces aptitudes non programmables.

Société enrichissante : Pour qu'un autre monde et de nouveaux échanges émergent peu à peu, il faut nous décoloniser de l'imaginaire marchand, comme le répète Serge Latouche. Pour cela, un hold-up sur les mots est indispensable, pour récupérer à notre profit l'image positive abusivement accolée à la croissance marchande. Il serait assez facile de montrer que le monde marchand n'enrichit plus personne, par l'accumulation des destructions massives et planétaires dont il est responsable. Ainsi, seule une société sobre, parcimonieuse, économe de ses ressources et des efforts fournis par chacun serait une société vraiment « enrichissante ». Si les habitants des pays développés admettaient que la vie marchande est un naufrage et que les activités improductives sont celles qui nous redonnent un pouvoir sur nos existences, la richesse repasserait du côté des activités qui préservent les ressources.

Temps : C'est, dans l'ensemble des ressources dont nous disposons, la seule qui soit à la fois rare, non renouvelable et non matérielle. C'est la ressource productive par excellence : sans temps, aucune production n'est possible. Le système marchand aura monétisé notre temps, lui donnant un prix, conformément au précepte « Le temps, c'est de l'argent ». Un chanteur a affirmé que « le temps, c'est de l'amour », ce qui n'est pas plus exact. En revanche, l'amour, l'argent, la joie, la beauté, la tendresse et ce qui rend nos existences si uniques, *tout vaut le temps* qu'on y consacre. Les économistes se fichent du temps, car il en faut très peu pour faire fortune : le trading haute-fréquence achète et revend en quelques millièmes de seconde. Les conséquences à long terme des activités marchandes ne concernent pas ceux qui en tirent un profit immédiat. Seule l'économie non marchande faiblement productive pose le temps comme une ressource rare et essentielle. Quand on prend conscience que le temps nous est contraint, on cherche comment le consacrer à ce qui nous est le plus essentiel. Et dans une telle approche, la production agricole gagnera toujours la palme des activités auxquelles nous devrons consacrer notre temps en priorité, juste avant les activités de soins et de santé. Si l'on manque un jour de tracteurs à moteurs thermiques ou électriques, on sait à quoi l'humanité occupera tout son temps…

Vouloir d'achat : Si la réduction du pouvoir d'achat est une catastrophe pour qui ne dispose pas de tout ce qui comblerait ses désirs (il s'agit d'à peu près tout le monde), la réduction du vouloir d'achat serait un exercice de libération auquel on pourrait faire une large place dans l'éducation de nos enfants et de nous-mêmes. C'est la condition pour mettre en œuvre l'effet-débond et mieux utiliser notre temps gâché. Il est temps de ne plus vouloir ce qui nous asservit. Cela demande un peu plus de force de caractère que celle que peut forger une vie marchande, qui nous prépare juste à arbitrer entre une infinité de désirs futiles et éphémères. Mais ce serait une façon formidable d'être enfin les maîtres de nos existences, en cessant d'attendre passivement que le monde marchand assure notre bien-être. Car même si on admettait la possibilité d'un bonheur marchand, nos civilisations ont désormais une idée précise de ce qu'il leur en coûterait vraiment. La facture d'un tel bonheur serait salée… Alors pour éviter d'avoir à payer un tel prix pour notre confort, il serait sage de *vouloir* un autre horizon que celui d'une vie marchande. En serons-nous capables ?

Bibliographie sélective

Donnella et Denis Meadows, *Halte à la croissance ! 1972*
René Dumond, *L'utopie ou la mort, 1973*
Jacques Ellul, *Le système technicien, 1977*
Jared Diamond, *Le troisième chimpanzé, 1992*
André Orléan, *Le pouvoir de la finance, 1999*
Jean Gadrey, *Adieu à la croissance, 2010*
Richard Heinberg, *La fin de la croissance, 2011*
Paul Ariès, *La simplicité volontaire contre le mythe de l'abondance, 2011*
Marie-Monique Robin, *Notre poison quotidien, 2011* et *Sacrée croissance, 2019*
Serge Latouche, *Le pari de la décroissance, 2006,* ou *L'âge des limites, 2012*
M.J. Sandel, *Ce que l'argent ne saurait acheter, 2012*
Philippe Bihouix, *L'âge des Low-Tech, 2014*
David Graeber, *Dette, 5000 ans d'histoire, Bureaucratie* ou *Bullshit Jobs, 2013, 2015, 2018.*
Matthieu Auzanneau, *Or noir, La grande histoire du pétrole, 2015* et *Pétrole, le déclin est proche* (avec Hortense Chauvin)*, 2021*
Barbara Stiegler, *Il faut s'adapter, 2019*
Jean-Marc Jancovici et Christophe Blain, *Le monde sans fin, 2021*

Plus

Conférences et cours de Jean-Marc Jancovici sur Youtube.

« La décroissance, le journal de la joie de vivre », mensuel des objecteurs de croissance publié par l'association des casseurs de pub.

Remerciements

Ce livre trouve sa source dans certains articles que j'ai publiés sur le réseau LinkedIn depuis 2019. On retrouvera dans quelques chapitres ces textes qui ont donné lieu à de nombreux échanges avec des gens passionnants. Ils sont trop nombreux pour être cités ici, mais je ne doute pas qu'ils se reconnaitront dans ces remerciements.

Gabriel Bonnamy a pris l'initiative de traduire et de diffuser en anglais le chapitre 3 de ce livre, sous le titre « The Last Economic Myth ». Merci à lui.

Jean-Marc Jancovici et Alain Grandjean font un travail salutaire pour bousculer les économistes et les obliger à repenser les mécanismes de la production et des échanges en intégrant les limites planétaires. Qu'ils en soient grandement remerciés, et toute la communauté du Shift Project à leur suite.

Jean-Luc Colin et Cédric Roussel ont pris sur leur temps rare et précieux pour relire et commenter mon manuscrit avec la spontanéité des premiers lecteurs. Grâce à eux, ce livre est plus agréable à lire. J'assume évidemment les derniers accrocs qui subsistent dans le texte définitif.

Revue « Marché et Organisations »

Le but de la revue est de promouvoir la recherche originale sur les relations de plus en plus étroites qui se tissent entre le marché et les organisations. Les acteurs économiques de taille, de puissance et de pouvoir différents dont les intérêts peuvent être convergents, complémentaires ou, le plus souvent, antagoniques, ont tendance à organiser les marchés. La raison du marché, pourtant, est la référence stratégique pour l'entreprise ainsi que pour les institutions publiques de décision économique.

Numéros parus :

N°1 : Artisanat. La modernité réinventée, 2006
N°2 : La petite entreprise, elle a tout d'une grande. De l'accompagnement aux choix stratégiques, 2006
N°3 : Tourisme et Innovation. La force créative des loisirs, 2007
N°4 : Le travail. Formes récentes et nouvelles questions, 2007
N°5 : Les universités et l'innovation. L'enseignement et la recherche dans l'économie des connaissances, 2007
N°6 : Entrepreneuriat et accompagnement. Outils, actions et paradigmes nouveaux, 2008
N°7 : Développement durable des territoires. Economie sociale, environnement et innovations, 2008
N°8 : Développement durable et responsabilité sociale des acteurs, 2009
N°9 : Gouvernance : exercices de pouvoir, 2009
N°10 : Le travail collaboratif. Une innovation générique, 2009
N°11 : Economie sociale et solidaire. Nouvelles trajectoires d'innovations, 2010
N°12 : Relations à la marque et marques de la relation. Regards croisés sur le management relationnel de la marque, 2010
N°13 : Les contrats au service de la recherche ?, 2011
N°14 : Le potentiel économique de l'Afrique subsaharienne, 2011
N°15 : Management de la distribution, 2012
N°16 : Territoire Vert. Entreprises, Institutions, Innovations, 2012
N°17 : Eco-conception, conception et innovation. Les nouveaux défis de l'entreprise, 2013
N°18 : Intelligence économique : entreprises et territoires, 2013
N°19 : La finance globale. Un monde fini, 2013
N°20 : La crise du « développement », 2014
N°21 : La Chine innove. Politiques publiques et stratégies d'entreprise, 2014
N°22 : Go East! Nouvelles Economies de Marché, 2015
N°23 : L'économie du changement, 2015
N°24 : Le temps des artisans. Permanences et mutations, 2015
N°25 : Innovations de proximité et esprit d'entreprise, 2016
N°26 : L'avenir des économies du Maghreb : entre inertie structurelle et envie de rupture, 2016/3 (n° 27)
N°27 : Le sport aux frontières du marché du travail, 2016
N°28 : Dynamiques internationales des entreprises, 2017
N°29 : L'univers du risque, 2017
N°30 : Les petites entreprises dans l'histoire industrielle, 2017
N°31 : Economie sociale et *social business* ? Au défi d'entreprendre et se financer, 2018
N°32 : Éducation et fertilisation des économies africaines, 2018
N°33 : L'entrepreneuriat innovant dans les pays du Maghreb, 2018
N°34 : L'entrepreneuriat scientifique : institutions et innovation, 2019
N°35 : Le champ économique de la culture, 2019
N°36 : Economie sociale et solidaire ? Modèles d'innovation et modes de gouvernance, 2019
N°37 : Rethinking Luxury Business, 2020
N°38 : La santé connectée. Nouvelles technologies et réorganisation des soins, 2020
N°39 : Options stratégiques et systèmes complexes d'innovation, 2020
N°40 : Les services : intégration des systèmes productifs et lien social, 2021
N°41 : Crise pandémique, crise globale. Réalité et controverses théoriques, 2021
N° 42 : La crise de la covid-19. Le marché et les organisations en perspective, 2021

Collection « L'esprit économique »
fondée par Sophie Boutillier et Dimitri Uzunidis en 1996

Dernières parutions

► ***Série Economie et Innovation***
C. BERGHMANS (dir.), *Intelligence et compétences émotionnelles en entreprise : perspectives multiples*, 2018.
T. MICHAUD, *La réalité virtuelle : de la science-fiction à l'innovation*, 2018.
B. LAPERCHE, M. LIMA, E. SEULLIET, B. TROUSSE (dir.), *Les écosystèmes d'innovation. Regards croisés des acteurs clés*, 2019.
S. MONNERIE, *L'économie digitale révolutionne le monde. Innovation et total design*, 2019.
T. MICHAUD, *Le projet spatial européen, entre pragmatisme et imagination*, 2020.
J.-P. SCHMITT, N. RAVIDAT, *Management conjoint de la technologie et de la personne. Pour performer et croitre*, 2020.
Y. EL YAHYAOUI, *Economie des plateformes numériques. Captation de la valeur, pouvoir de marché et communs collaboratifs*, 2021.
A. MBULI LANDU, Le memo d'un comptable. Approche par le *SYSCOHADA* révisé, 2021.
► ***Série Le Monde en Question***
F. FAURE, *Empowerment et finance. La démocratie au service de l'investissement socialement responsable*, 2021.
A. SGHAIER, *La finance islamique. Aspects critiques de la finance conventionnelle*, 2021.
H. AGOURRAME, *La règlementation bancaire internationale. Genèse, évolution et impact sur le « business model » des banques*, 2021.
A. AMINE, C. GALLOUJ, *Consommateurs et pratiques de consommation au Maroc*, 2021.
T. MARINOVA, *Economie sociale et solidaire dans les pays des Balkans. Bulgarie, Roumanie, Serbie : quels enseignements ?*, 2021.
► ***Série Krisis***
M. RAMEAUX, *Le tao de l'économie. Du bon usage de l'économie de marché*, 2020.
B. TONGLET, *Innovation et dynamique discontinue au bas Moyen Age. Pour une autre approche de l'histoire économique*, 2020.
J.-C. MOREL, *La nécessaire valorisation de la richesse ou intégrer le capital humain au bilan*, 2020.
V. LAURE VAN BAMBEKE, *La valeur du travail humain. Essai sur la refondation de l'expression monétaire de la valeur-travail*, 2021.
A. FONTAINE, *L'économie est l'opium du peuple. Une fausse science*, 2021.
A. RODRIGUEZ-HERRERA, Travail, valeur et prix. Reprise et clôture d'un débat centenaire (1885-1985) a la lumière des textes marxiens, 2021.
► **Série *Clichés***
S. BOUTILLIER, D. UZUNIDIS (dir.), *La Russie européenne. Du passé composé au futur antérieur*, 2008.
R. VOLPI, *La négociation. Pain, paix, liberté*, 2009.
► ***Série Cours Principaux***
O. ESNEU, *Le droit du transport routier de marchandises (TRM)*, 2018.
G. DUTHIL, *Economie publique et métamorphoses sociales*, 2019.
R. SANTENAC, *Le cycle des crises financières. Une étude approfondie des causes, des impacts et de la fréquence*, 2020.
B. LANDAIS, *Macroéconomie efficace. Croissance et crises*, 2020.
► ***Série L'économie formelle***
F. NEUVILLE, *Comment gagner de l'argent en Bourse*, 2020.
S. A. DJELHI-YAHOT, *La théorie des finances publiques optimales. une approche gagnante pour l'Afrique*, 2020.
A. EL ALAOUI, *Modèle d'équilibre général calculable. Présentation théorique et application empirique*, 2020.
H. AMAAZOUL, *Responsabilité sociétale des entreprises et performance financière. Étude appliquée aux entreprises marocaines*, 2021.
M. BERTONECHE, *Chroniques économiques de notre temps*, 2021.
E. CARREY, H. LANDIER, *Après la guerre contre la Covid : de l'économie financière a l'entrepreneuriat social*, 2021.

Structures éditoriales du groupe L'Harmattan

L'Harmattan Italie
Via degli Artisti, 15
10124 Torino
harmattan.italia@gmail.com

L'Harmattan Hongrie
Kossuth l. u. 14-16.
1053 Budapest
harmattan@harmattan.hu

L'Harmattan Sénégal
10 VDN en face Mermoz
BP 45034 Dakar-Fann
senharmattan@gmail.com

L'Harmattan Cameroun
TSINGA/FECAFOOT
BP 11486 Yaoundé
inkoukam@gmail.com

L'Harmattan Burkina Faso
Achille Somé – tengnule@hotmail.fr

L'Harmattan Guinée
Almamya, rue KA 028 OKB Agency
BP 3470 Conakry
harmattanguinee@yahoo.fr

L'Harmattan RDC
185, avenue Nyangwe
Commune de Lingwala – Kinshasa
matangilamusadila@yahoo.fr

L'Harmattan Congo
67, boulevard Denis-Sassou-N'Guesso
BP 2874 Brazzaville
harmattan.congo@yahoo.fr

L'Harmattan Mali
ACI 2000 - Immeuble Mgr Jean Marie Cisse
Bureau 10
BP 145 Bamako-Mali
mali@harmattan.fr

L'Harmattan Togo
Djidjole – Lomé
Maison Amela
face EPP BATOME
ddamela@aol.com

L'Harmattan Côte d'Ivoire
Résidence Karl – Cité des Arts
Abidjan-Cocody
03 BP 1588 Abidjan
espace_harmattan.ci@hotmail.fr

Nos librairies en France

Librairie internationale
16, rue des Écoles
75005 Paris
librairie.internationale@harmattan.fr
01 40 46 79 11
www.librairieharmattan.com

Librairie des savoirs
21, rue des Écoles
75005 Paris
librairie.sh@harmattan.fr
01 46 34 13 71
www.librairieharmattansh.com

Librairie Le Lucernaire
53, rue Notre-Dame-des-Champs
75006 Paris
librairie@lucernaire.fr
01 42 22 67 13

www.ingramcontent.com/pod-product-compliance
Lightning Source LLC
LaVergne TN
LVHW010936061026
849535LV00007B/2431